Colección *Cuadernos de apuntes*

Medicina legal

555 preguntas

Ana María Errejón García
Enrique de Francisco Enciso

UFV Universidad Francisco de Vitoria | Editorial

MADRID 2024

Colección
Cuadernos de apuntes

Director
Zulema Calderón Corredor

Comité científico asesor
Antonio Martínez Santos
Begoña Rodríguez Díaz
Noelia Valle Benítez
Juan Carlos Gómez Alonso
Fidel Luis Rodríguez Legendre

© 2024 Ana María Errejón García
Enrique De Francisco Enciso

© 2024 Editorial UFV
Universidad Francisco de Vitoria
Crta. Pozuelo-Majadahonda, km 1,800. 28223 Pozuelo de Alarcón (Madrid)
editorial@ufv.es

Diseño
Cruz más Cruz

Primera edición: febrero de 2024
ISBN edición impresa: 978-84-10083-35-6
ISBN edición digital: 978-84-10083-36-3

Depósito legal: M-3734-2024

Preimpresión: MCF textos, S.A.
Impresión: Gráficas Muriel S.A.

Al padre Jorge, por sus palabras
A mi familia, por su infinito apoyo
A Ester Pascual, por su confianza

ÍNDICE

Prólogo 9

1. Estudio medicolegal de las lesiones 11

2. Contusiones 25

3. Heridas por arma blanca 39

4. Heridas por arma de fuego 51

5. Quemaduras 63

6. Lesiones por electricidad 75

7. Lesiones por explosiones 83

8. Grandes catástrofes 91

9. Lesiones por accidentes de tráfico 103

10. Maltrato infantil 117

11. Violencia de género 125

12. Asfixias mecánicas 131

13. Estudio medicolegal de la muerte 145

14. Fenómenos cadavéricos y procesos
    conservadores del cadáver 155

15. Autopsia judicial y autopsia clínica 171

16. El levantamiento del cadáver 181

17. Manchas biológicas 193

18. Identificación del sujeto vivo y del cadáver 203

19. Estudio medicoforense de las agresiones sexuales 209

20. EL INFORME PERICIAL MÉDICO 217

21. TOXICOLOGÍA FORENSE 225

22. DROGAS DE ABUSO 231

23. ESTUDIO MEDICOLEGAL DE LA INTOXICACIÓN ALCOHÓLICA 245

24. PSIQUIATRÍA FORENSE 261

25. DERECHO MÉDICO 273

26. MEDICINA LEGAL DEL TRABAJO 279

BIBLIOGRAFÍA 287

Prólogo

Hace años, gracias a la oportunidad que me brindó esta universidad, descubrí el maravilloso mundo de la docencia, con lo que he podido ir transmitiendo mis conocimientos a futuros graduados en Criminología y en Derecho. Sin embargo, entre mis inquietudes existía un anhelo de plasmar estos conocimientos en un medio escrito con el que contribuyera a mejorar su aprendizaje: un manual de medicina legal que emplease un lenguaje alejado de la complejidad de los términos y tecnicismos médicos. De esta forma, podrían familiarizarse con conceptos médicos y científicos del mundo jurídico y criminológico. Esta inquietud finalmente se ha transformado en una realidad con la redacción de este manual, la cual he llevado a cabo junto con mi compañero de profesión y de vida, Enrique de Francisco.

1

Estudio medicolegal de las lesiones

¿Qué es una lesión?

Si la definimos desde el punto de vista médico, es cualquier alteración anatómica o funcional del organismo ocasionada por agentes externos o internos.

Si se contempla desde el punto de vista jurídico, aunque el Código Penal no la define, la jurisprudencia la entiende como toda alteración anatómica o funcional que menoscabe la integridad corporal o la salud física o mental del individuo.

¿Qué tipo de agentes etiológicos existen?

Según cuál sea el origen de los mecanismos productores de las lesiones, se distingue entre factores etiológicos externos y factores etiológicos internos.

¿Qué agentes etiológicos externos hay?

Los agentes etiológicos externos, es decir, aquellos ajenos al organismo, pueden ser mecánicos, los cuales actúan por contacto entre el objeto y el organismo; físicos, como la electricidad, la temperatura o las radiaciones, capaces de producir lesiones al entrar en contacto con las células y los tejidos; agentes químicos, entre los que se encuentran los ácidos[1] y las bases;[2] biológicos, que provocan alteraciones orgánicas como consecuencia de la acción de bacterias, virus, hongos y protozoos, y psicológicos, que generan daños en la esfera mental a causa de determinados estímulos psíquicos.

¿Qué son los agentes etiológicos internos?

Los agentes internos productores de lesiones son aquellos que provienen del propio sujeto, como serían los derivados del esfuerzo físico que, mediante una intensa contracción muscular, pueden originar hernias, roturas musculares, luxaciones e incluso fracturas.

¿Cómo evolucionan las lesiones?

Desde el punto de vista medicolegal, existe una distinción básica de las lesiones en mortales y no mortales. Las mortales, a su vez, se subdividen en tres tipos: lesiones mortales de necesidad, que son aquellas tan graves que necesariamente son incompatibles con la vida;

---

[1] Sustancias que liberan iones de hidrógeno en un medio acuoso. Su pH es inferior a 7.

[2] Las bases, también llamadas *álcalis*, son sustancias que liberan iones hidroxilo en un medio acuoso. Su pH es superior a 7.

lesiones mortales por falta de asistencia urgente, que son aquellas lesiones muy graves, pero que con atención médica rápida e intensa son compatibles con la vida, y lesiones mortales por mecanismo indirecto, que son aquellas lesiones que inicialmente no son mortales, pero que, como consecuencia de una mala evolución, desembocan en el fallecimiento.

Por otro lado, las lesiones no mortales son aquellas cuyo resultado es la supervivencia del sujeto y pueden finalizar o bien curando de forma completa y sin que quede rastro de ellas, que es lo que se denomina *restitutio ad integrum*, o bien alcanzando su curación con un estado residual o secuela.

¿Cómo se clasifican jurídicamente las lesiones?

En el ámbito jurídico, se diferencian las lesiones atendiendo a la intencionalidad y a la gravedad de sus consecuencias.

¿Cómo se distinguen las lesiones según su intencionalidad?

La diferencia radica en la voluntariedad a la hora de realizar la acción u omisión, por lo que se clasifican en lesiones involuntarias, cuando no existe intención de causarlas y se producen por culpa o imprudencia, y lesiones voluntarias, cuando el autor manifiesta intencionalidad en su producción. Estas últimas, a su vez, pueden ser con dolo directo, si existe intención de producir lesión y, además, se buscan unos resultados concretos lesivos, o con dolo indirecto o eventual, si se tiene la intención de lesionar sin buscar unos efectos determinados.

¿Qué tipo de lesiones existen atendiendo a su gravedad?

Según su gravedad, se diferencian las lesiones que por sus consecuencias penales se consideran delito de lesiones, si son lesiones no mortales, y las que se consideran delito de homicidio, si ocasionan el fallecimiento del sujeto. Si son constitutivas de un delito de lesiones, a su vez, se distingue entre las que se tipifican como delito básico de lesiones y como delito leve de lesiones. El delito leve de lesiones incluye cometer aquellas lesiones que no requieran para su curación la aplicación de ningún tratamiento médico o quirúrgico.

¿Qué diferencia existe entre el delito de homicidio y el delito de asesinato?

El Código Penal vigente recoge en su artículo 138 el delito de homicidio, que consiste en quitarle la vida a un sujeto. Según el artículo 139, se habla de asesinato cuando existe alevosía o ensañamiento, cuando se actúa por precio, promesa o recompensa y cuando se acaba con la vida de un sujeto para facilitar la comisión posterior de otro delito o para evitar su descubrimiento.

¿Qué es el delito de lesiones?

Es el Código Penal actual, aprobado por la Ley Orgánica 10/1995, el que recoge el tipo básico del delito de lesiones en su artículo 147.1 al establecer lo que sigue:

> El que, por cualquier medio o procedimiento, causare a otro una lesión que menoscabe su integridad corporal o su salud física o mental, será castigado como reo del delito de lesiones, siempre que la lesión requiera objetivamente

para su sanidad, además de una primera asistencia facultativa, tratamiento médico o quirúrgico. La simple vigilancia o seguimiento facultativo del curso de la lesión no se considerará tratamiento médico.[3]

¿Qué se entiende por primera asistencia facultativa?

Es el conjunto de actos clínicos encaminados al diagnóstico, prevención y tratamiento de una lesión, que pueden ser desempeñados en una única intervención o en una multiplicidad de actos médicos, como ocurre en los periodos de mera observación de la evolución de la lesión. En ningún caso estos actos serán fundamentales e imprescindibles para la curación de la lesión, pues de ser así estaríamos ante un tratamiento médico o quirúrgico.

¿Qué engloba el tratamiento médico o quirúrgico?

Son todas las actuaciones médicas y quirúrgicas necesarias para alcanzar la curación de una lesión o para reducir sus consecuencias. Estos actos clínicos deben ser posteriores a la primera asistencia y distintos a ella; es decir, se requiere que las nuevas actuaciones tengan una finalidad curativa, excluyendo la mera vigilancia para comprobar el éxito o la adecuación de la primera asistencia.

¿Qué es la estabilización lesional?

Es la situación en que se encuentra el lesionado una vez que los tratamientos no son susceptibles de influir

---

[3] Ley Orgánica 10/1995, de 23 de noviembre, del Código Penal. *Boletín Oficial del Estado*, 281, de 24 de noviembre de 1995, <boe.es/eli/es/lo/1995/11/23/10/con>.

en la evolución de las lesiones, permaneciendo su estado estacionario sin haber alcanzado una curación completa.

¿Qué se entiende por daño corporal en medicina legal?

Desde el punto de vista médico, el daño es un concepto amplio que se corresponde con el de lesión o enfermedad; es decir, viene a ser la alteración en el funcionamiento o estructura de un elemento corporal. Si lo contemplamos según un criterio estrictamente jurídico, ya el derecho romano definía el *damnum* como cualquier pérdida o disminución de la persona.

En el ámbito medicolegal, el concepto de daño se enfoca desde una perspectiva mixta jurídica y médica, y el daño corporal se define como cualquier alteración somática o psíquica que afecte a la salud o quebrante la integridad orgánica o funcional de un sujeto.

¿Cómo se realiza el informe medicoforense de sanidad?

En la medida de lo posible, es deseable incluir en el informe pericial médico toda la información que sea relevante y de interés para el juzgador: los datos de identificación, el motivo de la solicitud del informe, una enumeración y descripción de la documentación analizada tanto médica como relativa al hecho lesivo, una explicación de los antecedentes personales relevantes, los resultados de los reconocimientos realizados, las consideraciones médicas sobre el proceso patológico y su valoración en el caso concreto del lesionado y unas conclusiones precisas y claras que respondan directamente a las cuestiones planteadas por el juzgador.

¿Qué es la causalidad medicolegal?

Determinar claramente la correlación entre el hecho acontecido y el resultado lesivo es lo que se conoce como *nexo de causalidad*. En la valoración de las lesiones corporales, es el perito médico quien establece este nexo. En la práctica medicoforense, no siempre se especifica en el informe, pero el perito tiene la obligación de comprobar, en la medida de sus posibilidades, la relación existente entre el hecho lesivo y las lesiones y secuelas sufridas. Para ello, deben aplicarse los criterios de causalidad medicolegal.

¿Cuáles son los criterios de causalidad medicolegal?

Los criterios de causalidad medicolegal pueden concretarse como sigue:

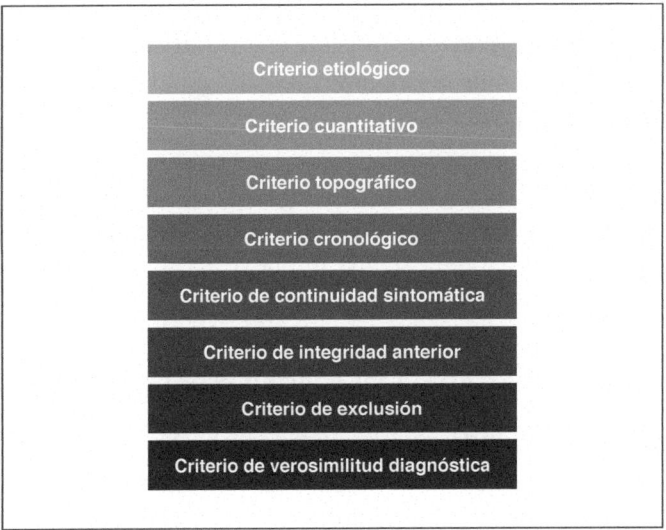

Criterio etiológico

Criterio cuantitativo

Criterio topográfico

Criterio cronológico

Criterio de continuidad sintomática

Criterio de integridad anterior

Criterio de exclusión

Criterio de verosimilitud diagnóstica

Criterio etiológico: consiste en establecer la relación entre la naturaleza del hecho y el cuadro lesivo, es decir, determinar si el mecanismo de producción puede generar el daño reclamado.

Criterio cuantitativo: se basa en relacionar la intensidad del traumatismo con la gravedad del daño producido.

Criterio topográfico: establece la relación entre la zona afectada por el traumatismo y la zona dañada resultante.

Criterio cronológico: se fundamenta en determinar la correlación entre el tiempo transcurrido desde que acontece el hecho reclamado hasta que aparece el daño.

Criterio de continuidad sintomática: debido a que en determinados mecanismos los daños tardan un tiempo en aparecer, este criterio consiste en evidenciar la aparición de síntomas puente que indiquen que se está gestando un proceso lesivo.

Criterio de integridad anterior: consiste en acreditar que no existe una enfermedad previa que justifique el daño atribuido al traumatismo.

Criterio de exclusión: consiste en excluir cualquier otra causa que pueda ser responsable del daño alegado distinta del traumatismo imputado.

Criterio de verosimilitud diagnóstica: se debe comprobar la existencia de un mecanismo fisiopatológico coherente que permita explicar la lesión.

¿Qué son las causas y las concausas de las lesiones?

Se distingue entre causa, aquella que es necesaria y suficiente para producir el daño, y concausa, que es la necesaria pero no suficiente por sí sola para desencadenar el resultado. En la práctica, se entiende por causa aquella responsable del hecho lesivo y por concausas todas las circunstancias que hayan influido en el resultado dañoso.

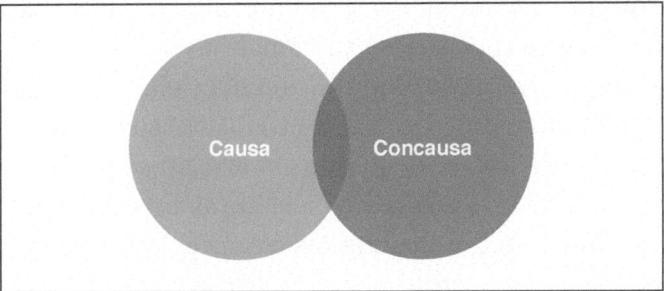

¿Qué tipos de concausas hay?

Las concausas pueden ser de tres tipos: anteriores o pre-existentes, simultáneas y posteriores o subsiguientes. Las anteriores están presentes previamente al hecho dañoso y constituyen el llamado *estado anterior del individuo*; es decir, aquellas causas patológicas o fisiológicas previas de la víctima que influyen en el resultado lesivo. Las simultáneas son aquellas que coinciden en el tiempo con los hechos dañosos y que influyen en el resulta-do. Por último, las concausas subsiguientes, conocidas como *complicaciones*, son las que influyen en la lesión una vez que se ha producido y antes de que tenga lugar su estabilización.

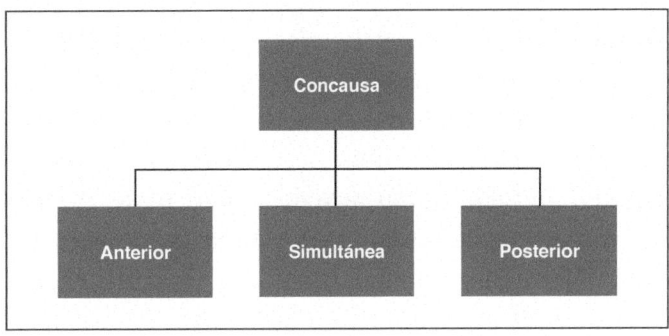

¿Cómo actúa la ley en las lesiones por accidentes de circulación?

Al desaparecer la vía penal de acceso a los tribunales para la mayoría de los accidentes de tránsito, como consecuencia de la desaparición de las faltas en la Ley Orgánica 1/2015 de Modificación del Código Penal, el resarcimiento de los daños originados como consecuencia de los accidentes de circulación se realiza de forma habitual por la vía civil, cuyas características son diferentes. A lo anterior, se añade la *Ley 35/2015 de reforma del sistema de valoración de los daños y perjuicios causados a las personas en accidentes de circulación*, que apostó por el desarrollo de procedimientos extrajudiciales de solución de este tipo de asuntos de tráfico y que desembocó en el Real Decreto 1148/2015, el cual regula la realización de pericias a solicitud de particulares por los institutos de medicina legal y ciencias forenses en las reclamaciones extrajudiciales por hechos relativos a la circulación de vehículos a motor.

¿Cómo valora el médico forense a los lesionados por accidente de tráfico?

En caso de lesionados en accidente de tráfico, el médico forense debe elaborar su informe según lo establecido por la *Ley 35/2015 de reforma del sistema para la valoración de los daños y perjuicios causados a las personas en accidentes de circulación*. Esta ley se refiere a los daños que son objeto de valoración y en ella se contemplan tres supuestos: la muerte, las secuelas y las lesiones temporales. Como novedad importante, en esta ley se introducen los conceptos de perjuicio personal básico, perjuicio personal particular y perjuicio patrimonial, que vienen a sustituir los anteriores conceptos de periodo de curación, días de carácter impeditivo, días de carácter no impeditivo y días de hospitalización.

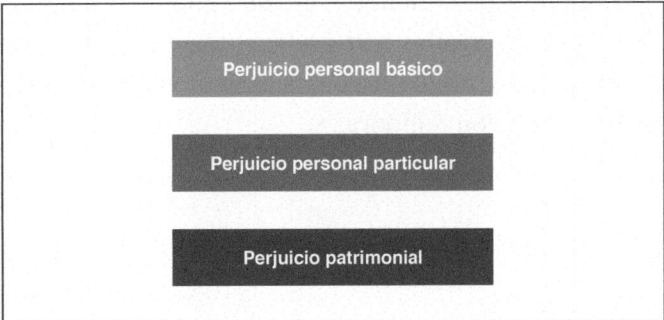

¿Qué se entiende por lesiones temporales en la nueva ley de valoración de daño corporal por accidentes de tráfico?

Las lesiones temporales son aquellas que sufre el lesionado desde el momento del accidente hasta el final de su proceso de curación o hasta la estabilización de la lesión.

¿Qué es el perjuicio personal básico por lesión temporal?

Es el perjuicio común que se padece desde la fecha del accidente hasta la curación o hasta la estabilización con la formación de secuelas.

¿A qué se refiere la expresión *perjuicio personal por pérdida temporal de calidad de vida*?

Es el perjuicio moral particular que sufre la víctima por el impedimento o limitación que las lesiones o el tratamiento de estas producen en su autonomía o desarrollo personal y puede ser muy grave, grave o moderado. Hay que tener en cuenta que el impedimento para la actividad laboral o profesional se incluirá en uno de los grados y que los grados son excluyentes entre sí, de tal manera que se asignará un solo grado a cada día que se padezca la lesión temporal.

¿Cómo se define el perjuicio muy grave?

Es aquel por el que el lesionado pierde temporalmente su autonomía para casi todas las actividades esenciales de la vida ordinaria; por ejemplo, permanecer ingresado en una unidad de cuidados intensivos (UCI) hospitalaria.

¿Qué se entiende por perjuicio grave?

Es aquel por el que el lesionado pierde temporalmente su autonomía para realizar una parte relevante de las actividades esenciales de la vida ordinaria o la mayor parte de sus actividades específicas de desarrollo personal; por ejemplo, el tiempo de ingreso en un hospital o el tiempo de reposo absoluto.

¿Qué es el perjuicio moderado?

Es aquel por el que el lesionado pierde temporalmente la posibilidad de llevar a cabo una parte relevante de sus actividades específicas de desarrollo personal; por ejemplo, los periodos de incapacidad laboral o de imposibilidad de realizar actividades deportivas federadas.

¿Qué se entiende por secuela en la valoración del daño corporal?

Es el trastorno o la lesión que permanece tras la curación de una enfermedad o de un traumatismo y que es consecuencia de ellos. Desde el punto de vista medicolegal, puede considerarse secuela toda afectación anatómica, funcional, estética, psíquica o moral consecuencia de una lesión física o psíquica estabilizada no susceptible de mejoría que menoscabe o modifique la integridad biológica de un individuo.

2 Contusiones

¿Qué son las contusiones?

Son lesiones producidas por la acción sobre el organismo de un instrumento duro de superficie roma[4] y mediante la acción de una fuerza viva, es decir, con la intervención de energía cinética.

¿Qué etiología medicolegal tienen las contusiones?

Las contusiones son lesiones violentas y su etiología medicolegal puede ser homicida, suicida o accidental. La homicida es frecuente en casos de peleas y reyertas en las que se producen agresiones con objetos romos, como bates o palos, o con zonas corporales, mediante patadas, puñetazos o cabezazos. Las contusiones de naturaleza suicida suelen corresponder a precipitaciones llevadas a cabo con fines autolíticos. La etiología accidental de las

---

[4] Sin aristas ni punta.

contusiones se da con frecuencia en el ámbito laboral, en donde tienen lugar precipitaciones o aplastamientos, y en el ámbito de la circulación de vehículos a motor cuando, como consecuencia de colisiones o atropellos, las víctimas presentan múltiples contusiones.

¿Cómo se clasifican las contusiones?

Las contusiones se clasifican según si en su producción interviene un único mecanismo o varios. Atendiendo a ello, pueden ser contusiones simples, cuando solo actúa un mecanismo de producción, o contusiones complejas, cuando intervienen varios mecanismos de producción.

¿Qué contusiones simples existen?

Las contusiones simples son las siguientes:

	Eritema
	Equimosis
Sin solución de continuidad	Contusión profunda
	Derrame seroso
	Derrame cavitario
	Erosión
Con solución de continuidad	Escoriación
	Herida contusa

¿Qué es un eritema?

Es una lesión producida por un mecanismo contusivo que cursa con enrojecimiento cutáneo, resultado de un proceso de dilatación de los vasos sanguíneos.

¿De qué forma se clasifican las equimosis?

Son lesiones superficiales que afectan al tejido celular subcutáneo:[5] dañan los vasos sanguíneos y los nervios sin que se vea alterada la integridad de la piel. Estas lesiones en los vasos sanguíneos dan lugar a la extravasación[6] de la sangre, que cursa con derrame, y los daños en las terminaciones nerviosas son responsables del dolor. Se distinguen diferentes tipos de equimosis en función de su profundidad, localización y forma.

¿Cuáles son los tipos de equimosis que hay?

La equimosis puede clasificarse como sigue:

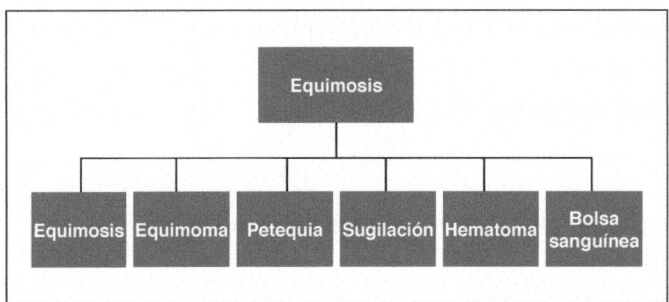

Equimosis: la infiltración sanguínea se dispone de forma laminar, sin crear relieve sobre la superficie cutánea.

Equimoma: es una lesión como la equimosis, pero con un tamaño mayor.

---

[5] El tejido celular subcutáneo, también llamado *hipodermis*, es la capa más interna de la piel y se sitúa por debajo de la dermis. Está formado por tejido adiposo y lo recorren los vasos sanguíneos, los vasos linfáticos y los nervios.

[6] Salida del contenido sanguíneo del interior de los vasos al exterior.

Petequia: lesión equimótica de aspecto puntiforme. A menudo, las petequias son múltiples y se presentan agrupadas.

Sugilación: esta equimosis es realizada por un mecanismo de succión de la piel y es característico que posea una forma ovalada, que representa la disposición de los labios al realizar la succión.

Hematoma: en este tipo de lesión, el infiltrado sanguíneo procedente de la ruptura de los vasos no se dispone en forma de lámina, sino de acúmulo, dando lugar a una lesión en la piel con volumen.

Bolsa sanguínea: se trata de una lesión de mayor dimensión que el hematoma en la que el acúmulo sanguíneo es aislado por un anillo de tejido fibroso, lo que aumenta la dureza de la lesión, la cual es voluminosa sobre la superficie cutánea.

¿Cómo son las contusiones profundas?

Se trata de contusiones que afectan a regiones anatómicas que no presentan planos óseos debajo del plano cutáneo, por lo que la fuerza lesiva recae sobre órganos internos, como el hígado, el bazo o los riñones.

¿Qué son los derrames serosos?

Este tipo de contusión conlleva la separación del plano cutáneo y del tejido celular subcutáneo de la fascia[7] subyacente por la acción de una fuerza tangencial. En

---

[7] Membrana de tejido conjuntivo que rodea los músculos.

ese espacio, se produce una acumulación de líquido procedente de la ruptura de los vasos linfáticos y vasos sanguíneos. En ocasiones, es una lesión asociada a los atropellos y es frecuente que se localice en las extremidades inferiores.

¿Cómo se producen los derrames cavitarios?

Se trata de lesiones que se producen cuando la fuerza viva alcanza una cavidad anatómica, como la cavidad pleural o una cavidad articular. Según la naturaleza del derrame, pueden ser hemáticos o serofibrinosos.

¿Cómo se originan las erosiones?

En estas lesiones, se produce una afectación del plano cutáneo en la capa más superficial, la epidermis. El mecanismo principal que interviene en la producción de erosiones y escoriaciones es el frotamiento.

¿Qué caracteriza las escoriaciones?

Las escoriaciones se caracterizan por afectar la piel tanto en la capa epidérmica como en la capa cutánea subyacente, la *dermis*. Las erosiones y las escoriaciones son lesiones relativamente frecuentes por el efecto de deslizamiento de una zona del cuerpo sobre una superficie.

¿Qué son las heridas contusas?

Son lesiones que revisten mayor profundidad en las que la acción de la fuerza viva supone el vencimiento de la resistencia de la piel. Además del plano cutáneo, se ven afectados planos subyacentes, como el muscular, el óseo y el visceral, según la profundidad que alcance el mecanismo lesivo. Son heridas de bordes irregulares y márgenes sangrantes.

¿Cuáles son las contusiones complejas?

Entre las contusiones complejas, se encuentran las siguientes:

Mordedura: esta lesión se produce al ejercer con los dientes presión y tracción. Puede ser realizada por humanos o animales y presenta un aspecto característico: la impronta de los bordes dentales.

Aplastamiento: se produce por la acción de una fuerza viva sobre un organismo que se encuentra en una superficie fija o por la acción sobre un sujeto de dos fuerzas vivas opuestas entre sí que generan una compresión.

Arrancamiento: consiste en la separación de una zona del cuerpo por un mecanismo de tracción. Suele recaer en partes que sobresalen del cuerpo, como la nariz o los dedos.

¿Qué importancia medicolegal tienen las contusiones?

En su conjunto, son lesiones que se evalúan con frecuencia en los peritajes para la valoración del daño corporal. Algunas contusiones aportan información importante que debe tenerse en cuenta en la valoración medicoforense de las lesiones, como la data, la vitalidad, la etiología medicolegal de estas y el elemento con el que se han producido.

¿Qué es la data de las lesiones?

La data es el tiempo que ha transcurrido desde que se ha producido la lesión, es decir, su antigüedad.

¿Cómo se establece la data de una equimosis?

Para establecer la data de una equimosis, habrá que estudiar el color que presenta, pues se caracteriza por sufrir un cambio de pigmentación a medida que avanza el tiempo desde su producción. La coloración rojiza viene dada por la hemoglobina y va cambiando por las diferentes pigmentaciones de los productos en los que la hemoglobina se va descomponiendo. Cuando la lesión es reciente es de color rojo oscuro y, a medida que evoluciona, adquiere tonos azulados, verdosos y amarillentos.

¿Todas las equimosis experimentan cambios cromáticos?

No, las equimosis subconjuntivales y subungueales no experimentan dicha evolución cromática. Las equimosis subconjuntivales, también llamadas *hemorragias subconjuntivales* o *hiposgfagma*, se producen cuando tiene lugar la rotura de un vaso sanguíneo en el espacio subconjuntival,[8] por lo que la sangre se distribuye. En ese caso, la hemorragia mantiene durante todo el tiempo una coloración vinosa y se va atenuando conforme evoluciona hasta que desaparece. Por otro lado, las hemorragias subungueales[9] poseen una coloración negruzca que va desapareciendo del lecho ungueal a medida que crece la uña.

---

[8] La conjuntiva es una membrana ocular transparente que se extiende por encima de la esclerótica, la capa blanca y fibrosa que da estructura al globo ocular.

[9] Debajo de las uñas.

¿Qué son las lesiones figuradas?

En algunas ocasiones, las equimosis reproducen la forma del elemento que las ha causado, en cuyo caso reciben el nombre de *equimosis figuradas*, y orientan sobre el instrumento con el que se han ocasionado. Por ejemplo, una equimosis de forma alargada podría haberse producido con un bastón o un bate; una equimosis cuadrada podría haberse ocasionado con la parte cuadrangular de un martillo; una equimosis digitiforme, que reproduce la morfología dactilar, indicaría que se ha producido con los dedos.

¿Cómo se sabe si las escoriaciones o erosiones son vitales o posmortales?

El estudio de las erosiones y escoriaciones aporta información sobre si se han hecho en vida del sujeto. Para ello, habrá que determinar si existe costra en la lesión, pues su formación es una reacción secundaria al proceso de coagulación que se produce en sujetos vivos, por lo que erosiones y escoriaciones con costra son generalmente lesiones vitales. Cuanto más próximas al momento del fallecimiento se hayan producido las lesiones, de menor intensidad será la costra, por ser las reacciones vitales de menor entidad, entre las que se encuentra la coagulación. Si se produjesen erosiones y escoriaciones en un cadáver, como puede ocurrir cuando es arrastrado para ser trasladado de lugar, estas no presentarían costra por lo general. No obstante, existe un periodo de incertidumbre perimortal,[10] que incluye el periodo temporal próximo al fallecimiento, en el que la vitalidad de las lesiones debe confirmarse con estudios de laboratorio.

---

[10] Se trata de un periodo de tiempo próximo al fallecimiento en el que las reacciones de vitalidad aún se mantienen, pero de forma disminuida.

¿Aparece siempre equimosis en el lugar del golpe?

Habitualmente, la equimosis aparece sobre el lugar del traumatismo, pero en ocasiones puede formarse en una zona alejada cuando existe la posibilidad de que la sangre se desplace entre espacios libres del organismo por la acción de la gravedad y la menor resistencia de los tejidos, lo que se conoce como *equimosis a distancia*. Este tipo de equimosis se puede formar en caso de fractura de la base del cráneo, por lo general en la región periorbitaria,[11] conocida como *signo de los ojos de mapache*, o en la región retroauricular,[12] conocida como *signo de Battle*.

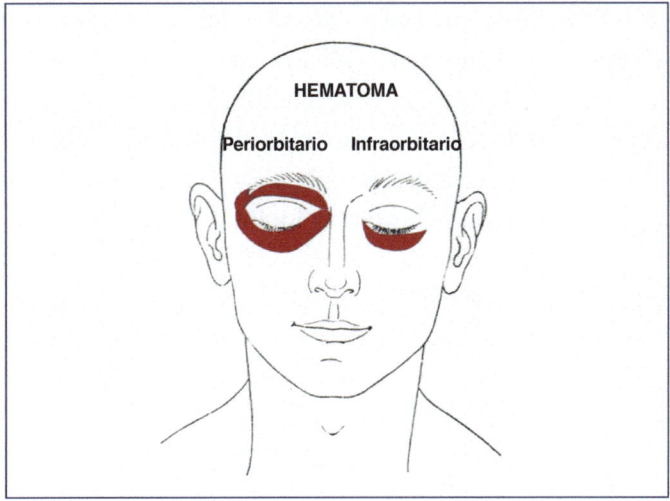

Figura 2.1. Imagen correspondiente a un hematoma periorbitario y a un hematoma infraorbitario. *Fuente:* elaboración propia.

¿Coincide la cantidad de traumatismos con el número de equimosis?

Lo más habitual es que por cada golpe aparezca una lesión. Sin embargo, en ocasiones no ocurre así. No es

---

[11] Alrededor de la órbita ocular.
[12] Posterior al pabellón auricular.

infrecuente que un objeto que presenta un revestimiento blando no produzca ninguna lesión, que un objeto que golpee reiteradamente sobre la misma zona origine tan solo una equimosis o que un único traumatismo sobre una región irregular desencadene la aparición de varias equimosis relacionadas topográficamente.

¿Cómo pueden las erosiones y escoriaciones aportar información sobre su etiología medicolegal?

Mediante su estudio topográfico, es decir, estudiando dónde están localizadas. Si estas lesiones aparecen alrededor de la boca, indican que se ha intentado acallar a la persona; si se encuentran en la región cervical, sugieren que se trata de una estrangulación, y, si se localizan en manos y antebrazos, señalan que ha existido contención y lucha. Por tanto, cuando las erosiones y escoriaciones recaigan en las zonas citadas, podría tratarse de una etiología homicida. Igualmente, si las lesiones aparecen en zonas de muy difícil acceso para la propia víctima, orientan a descartar la etiología autolesiva.

¿Todos los cambios de coloración en un cadáver deben interpretarse como equimosis?

No. Las equimosis cursan con cambios de coloración cutánea por lesiones en los vasos sanguíneos, pero el cadáver puede presentar zonas con modificaciones cromáticas debido a los fenómenos de descomposición cadavérica por la putrefacción y a la formación de livideces, manchas generalmente de color violáceo que se forman por el depósito de la sangre en las regiones declives del cadáver por la acción de la gravedad.

¿Qué diferencias existen entre la caída y la precipitación?

La caída se desencadena por una pérdida repentina del equilibro: el sujeto se derrumba sobre el plano de sustentación en el que se encuentra, mientras que en la precipitación el sujeto se derrumba sobre un plano de sustentación localizado debajo del que se sitúa. Esto condiciona las lesiones que se presentan en cada caso: generalmente, las lesiones por precipitación son de mayor gravedad que las lesiones por caída y, en muchas ocasiones, provocan el fallecimiento del sujeto.

¿Qué etiología medicolegal tienen la caída y la precipitación?

Generalmente, la caída tiene una etiología medicolegal accidental, aunque en ocasiones tiene un origen homicida si se interpone algún obstáculo para propiciar la caída del sujeto. Por otro lado, la precipitación puede tener una etiología medicolegal suicida, si es realizada como mecanismo autolítico; homicida, cuando interviene una tercera persona que empuja a la víctima, o accidental, frecuente en profesiones que se realizan en altura.

¿Cuáles son las clases de caída?

Se distinguen los siguientes tipos de caída atendiendo a si, además del componente de la altura, interviene algún otro factor:

Caída simple o estática: solo existe el componente de la altura, sin otro factor añadido. La lesividad es de menor entidad y en la mayoría de las ocasiones no produce el fallecimiento del sujeto.

Caída complicada: al factor de la altura se le suma otro mecanismo lesivo, generalmente de mayor importancia, como la caída sobre fuego o en un cauce profundo.

Caída fásica: el desplome se origina en dos o más fases, es decir, al menos se encadenan dos tiempos consecutivos.

Caída acelerada: a la altura se añade el componente dinámico de la velocidad, que aumenta la fuerza viva de la caída y la gravedad de las consecuencias lesivas.

Caída post mortem: la caída del sujeto se produce inmediatamente tras el fallecimiento y como consecuencia necesaria de la acción de la gravedad sobre el individuo. Se debe establecer el diagnóstico diferencial de los hallazgos lesivos vitales y posmortales.

¿Qué tipo de lesiones pueden producirse como consecuencia de una precipitación?

Las lesiones generales que se pueden producir en las precipitaciones son fracturas óseas y lesiones viscerales encefálicas, torácicas y abdominales. Sin embargo, existen lesiones más específicas que se producen dependiendo de cuál sea la primera parte del cuerpo que impacte contra el plano inferior de sustentación. De esta forma, se distinguen lesiones en función de si el primer impacto es con la extremidad cefálica, con la totalidad de la extensión del cuerpo o con las extremidades inferiores.

¿Cuáles son las lesiones específicas que se ocasionan cuando el impacto es con la extremidad cefálica?

Como consecuencia del fuerte traumatismo craneoencefálico, son frecuentes las fracturas craneales y las lesiones encefálicas, que producen hemorragias y daños cerebrales. Estas fracturas craneales suelen ser conminutas: dan lugar a múltiples fragmentos óseos, lo que se ha denominado *fractura en saco de nueces*.

Cuando el impacto es con la totalidad del cuerpo en una precipitación, ¿cuáles son las lesiones más frecuentes?

Lo más frecuente es que se produzcan fracturas costales y vertebrales y lesiones de las vísceras torácicas y abdominales, como roturas, desgarros, hemorragias o estallidos. Entre los órganos afectados, se encuentran el corazón, el hígado, los pulmones, el bazo, el estómago, la vejiga y los riñones.

¿Qué lesiones son características de la precipitación cuando el impacto inicial se produce con las extremidades inferiores?

Las lesiones características de este tipo de precipitación son las fracturas de los huesos de las piernas y de la pelvis. En ocasiones, se produce lo que se ha denominado *signo de la cuádruple fractura*: se fracturan huesos de los dos brazos y de las dos piernas, concretamente en el tercio medio del húmero y el tercio inferior de la pierna. Las lesiones de los huesos de los brazos son consecuencia de la extensión instintiva de estos para intentar frenar el impacto. También es frecuente que se produzcan fracturas vertebrales y, de forma indirecta, la fractura del hueso occipital del cráneo por propagación del impacto a través de la columna vertebral.

3

Heridas por arma blanca

¿Qué es un arma?

Un arma se define como un instrumento que se emplea con la finalidad de atacar o de defenderse y produce un daño mayor en el organismo de un sujeto que el que producirían las manos por sí solas.

¿Qué se entiende por arma blanca?

El arma blanca es el instrumento que ejerce su efecto lesivo mediante una punta, un filo o ambos.

¿Qué tipo de armas blancas existen atendiendo a su origen?

Las armas blancas se diferencian en función de la finalidad de su creación:

Armas blancas típicas: son aquellas diseñadas para cortar o punzar, como un cuchillo o un estilete.

Armas blancas atípicas: son aquellas que no han sido creadas con el fin de cortar o punzar, pero pueden hacerlo, como un trozo de vidrio o el margen de una lámina de metal.

¿Cómo se clasifican las armas blancas según el componente lesivo?

Atendiendo al elemento lesivo con el que produzcan el daño, se distinguen las siguientes:

Armas punzantes: son instrumentos alargados y finos de diámetro circular que terminan en una punta, con la que ejercen su efecto. Ejemplos de ellas son los estiletes y punzones.

Armas incisas: poseen una hoja con un filo, que es el responsable de lesionar los tejidos. Pertenecen a este grupo los bisturíes y las cuchillas de afeitar.

Armas incisopunzantes: estos instrumentos combinan una hoja con un filo o varios, la cual termina en una punta. Se incluyen en este tipo de armas los cuchillos y las navajas.

Armas incisocontusas: son instrumentos que actúan mediante un filo y cuentan con un peso importante. Entre ellas, se encuentran las hachas y las catanas.

Armas punzocontundentes: estos instrumentos poseen elevada masa y terminan en una punta más o menos aguda. Ejemplo de este tipo de armas son las lanzas y las jabalinas.

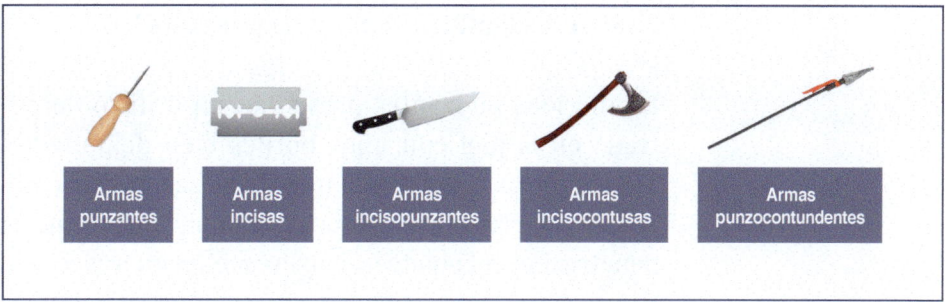

Figura 3.1. Ejemplos de distintos tipos de armas blancas. *Fuentes:* https://tecnitool.es/images/featured/punzon-para-carpinteria.jpg; https://www.dhmaterialmedico.com/material-medico/fotos/hojas-de-afeitar-caja-de-10-unidades-1619529472.jpg; https://www.shutterstock.com/es/search/cuchillo-que-talla; https://www.pngmart.com/es/image/217072/png/217071; https://www.pngegg.com/es/png-wsdsm

¿Cómo se clasifican las heridas por arma blanca?

Se distinguen cuatro tipos de heridas atendiendo al tipo de instrumento que las produce y al mecanismo lesivo que intervenga:

Heridas punzantes: son producidas mediante presión por elementos que poseen una punta.

Heridas incisas o cortantes: se originan por un filo con el que se ejerce presión o deslizamiento.

Heridas incisopunzantes o punzocortantes: son generadas por la presión de una punta y un filo.

Heridas incisocontusas o cortocontundentes: son producidas al ejercer presión sobre la superficie corporal con objetos que poseen una gran fuerza viva y un filo.

Heridas punzocontusas o punzocontundentes: son producidas mediante presión por instrumentos de un peso considerable que poseen una punta más o menos aguda. Las heridas son irregulares y combinan características de las heridas punzantes y de las contusas.

¿Cómo se identifica una herida punzante?

Las heridas punzantes presentan un orificio de entrada en la piel con unos bordes bien delimitados. Tienen forma redondeada u ovalada, según sea la disposición de las fibras elásticas de la piel en la zona de penetración del objeto lesivo. Presentan un trayecto, el recorrido que realiza el arma por el interior del organismo, que se caracteriza por alcanzar una gran profundidad. Si el arma atraviesa todo el espesor de los tejidos, dará lugar a un orificio de salida, que presentará un tamaño menor que el de entrada y unos bordes menos regulares.

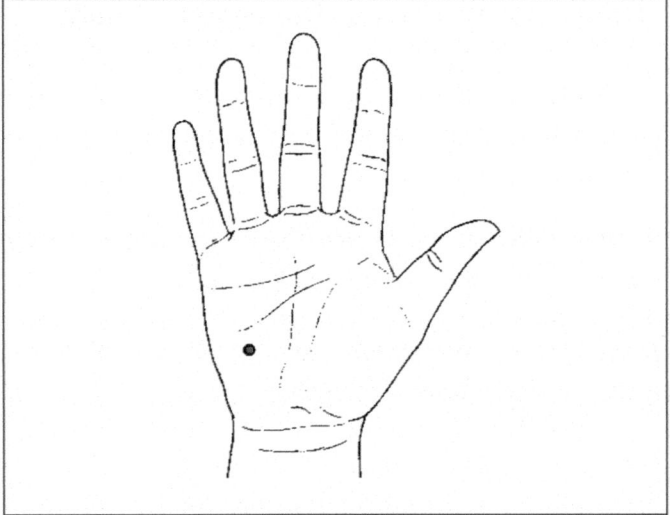

Figura 3.2. Herida punzante en la palma de la mano. *Fuente:* elaboración propia.

¿Cómo se reconoce una herida incisa?

Estas heridas son producidas por instrumentos que poseen un filo. El filo puede actuar sobre la superficie cutánea mediante dos mecanismos: presión o deslizamiento. Si se ejerce presión, se producirá una lesión con una longitud similar a la del filo y con escasa separación de los bordes de la herida. Si se ejerce deslizamiento con el filo sobre la piel, se generará una herida de morfología ovalada con los bordes cutáneos más separados que en el caso anterior. Además, estas lesiones incisas presentan dos marcas lineales en sus extremos denominadas *colas*: se corresponden con la zona cutánea donde el instrumento ha comenzado a producir la lesión (cola de ataque) y donde ha finalizado al abandonar el contacto con la superficie cutánea (cola de salida). Generalmente, la cola de ataque es más profunda y corta, mientras que la de salida suele ser de mayor longitud y cada vez de menor profundidad. De aparecer tan solo una de ellas, se tratará de la cola de salida.

¿Qué caracteriza las heridas incisopunzantes?

Son lesiones producidas mediante presión por instrumentos que poseen filo y punta. Esta presión ejercida produce un orificio de entrada, que se ve en la superficie cutánea, y un trayecto, que se corresponde con el recorrido del instrumento lesivo por los distintos tejidos que atraviesa.

El orificio de entrada se caracteriza por tener una morfología ovalada y presentar tantos ángulos como filos tenga el arma; es decir, se verá un ángulo en los orificios de entrada producidos por armas monocortantes y dos ángulos en las producidas por armas bicortantes. Desde un punto de vista práctico, esta imagen tiene forma de óvalo, con un extremo triangular si es un arma monocortante o con dos si es un arma bicortante; el extremo triangular es el resultado del corte producido por el filo del arma.

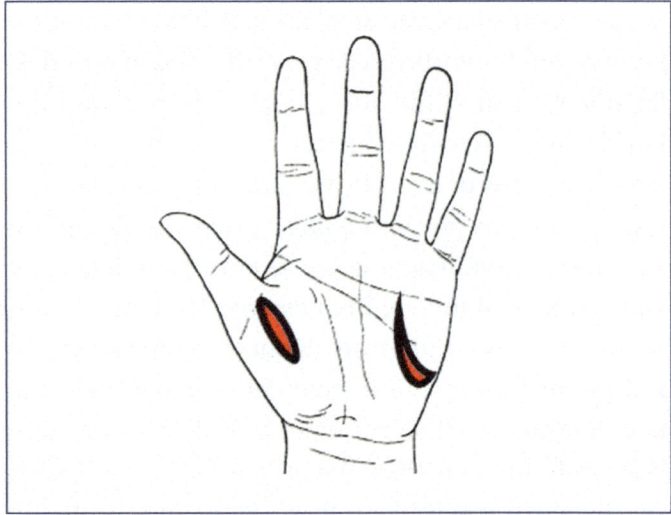

Figura 3.3. Heridas incisopunzantes en la palma de la mano. La lesión situada en la región más próxima al primer dedo es una herida incisopunzante producida por un arma bicortante, mientras que la situada más próxima al quinto dedo es una herida incisopunzante producida por un arma incisopunzante monocortante. *Fuente:* elaboración propia.

¿Qué características tienen las heridas incisocontusas?

Las heridas incisocontusas son el resultado de la combinación de una lesión incisa y de otra contusa; la primera, originada por las características cortantes y la segunda, derivada del peso del arma y la fuerza empleada, lo que determina las características de estas heridas. Suelen presentar bordes hemorrágicos de morfología irregular y con daños contusivos equimóticos o hemorrágicos. Estas heridas alcanzan una gran profundidad y no existen puentes de unión entre sus bordes.

¿Cómo se distinguen las heridas contusas de las heridas incisocontusas?

La principal diferencia es el objeto que las origina: en un caso es romo y en el otro tiene algún borde agudo que le otorga las características lesivas incisas. La principal coincidencia entre ambas es el peso del objeto y la fuerza viva que se aplica para provocar las lesiones.

La diferencia del objeto que actúa determina el principal mecanismo lesivo: el contuso actúa por presión, mientras que el incisocontuso lo hace por presión y corte. Así, las heridas contusas son de bordes hemorrágicos, irregulares y con puentes de unión entre los bordes, mientras que las incisocontusas, aunque comparten los mismos elementos externos que las contusas, no suelen tener puentes de unión en los bordes ni en el espesor.

¿A qué cuestiones de interés criminológico se puede dar respuesta con el estudio de las heridas por arma blanca?

Desde el punto de vista criminológico, el estudio de las heridas por arma blanca permite determinar su vitalidad, su etiología medicolegal, el tipo de armas blancas empleadas en su producción, el número de armas utilizadas, el orden en que se han producido las heridas y la posición de la víctima y el agresor.

¿Coinciden siempre el número de heridas con el de intentos de ataque?

Habitualmente, cada impacto del agresor en el cuerpo de la víctima da lugar a una única lesión, cuyas características dependerán tanto del tipo de arma blanca utilizada como de la forma de contacto con el organismo. Sin embargo, no es infrecuente que en un mismo acto agresivo el arma provoque varias lesiones sobre la superficie corporal, tanto por el propio deslizamiento del arma como por ser agresor y víctima dos objetos en movimiento. Por ello, hay que tener cuidado en el momento de interpretar los hallazgos lesivos por las consecuencias legales que se derivan de ello.

¿Cómo puede averiguarse si una herida por arma blanca se ha producido en vida del sujeto o tras su fallecimiento?

Cuando las lesiones por arma blanca se producen sobre un sujeto vivo presentan unas características diferentes a las que se producen cuando este ha fallecido, debido a la intervención de procesos biológicos vitales. Por ello, cuando se trata de lesiones vitales, a nivel cutáneo, la herida presenta bordes retraídos con tendencia a la separación que aparecen engrosados y hemorrágicos por infiltración de la sangre y coagulados. Además, se observa contenido graso entre los bordes de la herida por propulsión del contenido adiposo desde el tejido celular subcutáneo, lo que favorece más aún su separación. Estos procesos no tendrían lugar si la persona ya hubiese fallecido.

¿Qué indica la etiología medicolegal de las heridas por arma blanca?

Algunas de las características de las heridas por arma blanca contribuyen a dar respuesta a la etiología medicolegal de estas, como la posición y la localización. En relación con la posición, se entiende que varias heridas incisas paralelas de escasa profundidad situadas en la misma región indican una etiología medicolegal suicida. En cuanto a la ubicación, algunas heridas sugieren una etiología medicolegal autolítica, como las que se dan en la región anterior de la muñeca o en la región precordial.[13] Las heridas localizadas en la región anterior del cuello, denominadas *heridas por degüello*, pueden tener un origen homicida o suicida; para saberlo, habrá que estudiar su trazo: varios trazos irregulares indican una etiología suicida, mientras que un único trazo sin irregularidades es más compatible con una etiología homicida. También la inspección de las colas de entrada y salida de las lesiones permite determinar la dirección de la herida, lo que, unido al conocimiento de si la víctima era diestra o zurda, posibilita establecer si se trata de lesiones suicidas u homicidas.

Además del estudio de las heridas, para dar respuesta a esta cuestión, es muy importante analizar otros aspectos, como los antecedentes médicos de la persona fallecida o el estado de su ropa, pues en los casos de etiología suicida es más frecuente que el sujeto se descubra la vestimenta de la región corporal donde se va a lesionar.

¿Cómo se determina si las heridas por arma blanca en un cadáver han sido producidas con la misma arma o con armas diferentes?

Para ello, hay que examinar las características de las lesiones y ver si presentan semejanzas entre ellas. Si se trata del mismo tipo de lesiones por arma blanca, habrá que estudiar el diámetro, la longitud y la profundidad de las heridas y compararlos para ver si coinciden. En el caso de que sea así, podremos pensar que son lesiones compatibles con una misma arma. Por el contrario, encontrar heridas de arma blanca de diferentes características indica la intervención de más de un arma. Distinguir qué heridas son originadas por cada tipo de

---

[13] Región anterior al corazón.

arma blanca conduce a identificar el número de armas que se han empleado.

¿Se puede averiguar la longitud del filo del arma empleada?

Determinar la longitud del filo del arma blanca es una cuestión medicoforense compleja. En la mayoría de las ocasiones, solo puede afirmarse si un arma concreta es compatible con la herida producida o no.

No obstante, respecto de esta cuestión, hay algunas consideraciones que tener en cuenta. Por ejemplo, si la herida acaece en una región corporal indeformable, la medición del trayecto interno indica la longitud del filo del arma introducida, lo cual ya permite establecer comparaciones con armas concretas. En otras ocasiones, si el arma ha penetrado completamente en el cuerpo, suele aparecer alrededor del orificio de entrada una zona de contusión poco pronunciada, que corresponde al contacto con fuerza del mango del arma; en este caso, la medida del trayecto interno de la herida indica la longitud de la hoja del arma causante. Si se trata de heridas en una zona deformable, como la región abdominal, la propia fuerza del acto lesivo provoca la depresión del abdomen, que, al sacar el arma, vuelve a su posición distendida, lo que da lugar a una herida con un trayecto superior al de la hoja del arma, debido al efecto acordeón.

Si en un cadáver aparecen numerosas heridas por arma blanca, ¿es posible conocer en qué orden se produjeron las lesiones?

Sí. Si nos encontramos ante varias lesiones en un cadáver, para conocer el orden en el que se han producido, se debe evaluar la intensidad de la respuesta vital que presenten las heridas; es decir, la retracción de bordes, la infiltración sanguínea, la coagulación y la propulsión de grasa. Una mayor respuesta vital de una herida en comparación con el resto indica que se ha producido antes que las demás y, por ello, que ha existido un mayor periodo de tiempo hasta el fallecimiento para desarrollarse la reacción de vitalidad. Aquellas heridas producidas en el momento próximo al fallecimiento, conocido como *periodo de incertidumbre*, pueden no presentar prácticamente signos de reacción vital.

Un supuesto particular es el de las heridas incisas que se superponen. Para determinar su orden, habrá que comprobar si los bordes de la herida son coincidentes al aproximarlos y forman una línea recta o si, por el contrario, no lo son y forman una línea irregular. El primer caso indica que la piel estaba intacta al producirse la lesión, luego esta herida se produjo en primer lugar. En el segundo caso, la no coincidencia de los bordes es el resultado de que la piel ya estaba previamente seccionada, lo que indica que esta lesión se produjo con posterioridad.

4 Heridas por arma de fuego

¿Qué es un arma de fuego?

Las armas de fuego son instrumentos que provocan la salida de un proyectil mediante los gases generados en la combustión de sustancias inflamables que se localizan en un espacio confinado.

¿Cómo se clasifican las armas de fuego?

Existen varios criterios de clasificación de las armas de fuego, entre los que destacan los siguientes:

- La longitud del cañón: el cañón es la estructura cilíndrica que recorre el proyectil hasta que abandona el arma. Con base en su longitud, se distingue entre armas cortas, como pistolas y revólveres, y armas largas, como escopetas o fusiles.
- La carga que disparan: se distingue entre armas de proyectil único y de proyectil múltiple dependiendo

de cuántos se liberen en cada disparo. Los proyectiles múltiples pueden ser postas o perdigones.

¿Qué etiología medicolegal poseen las heridas por arma de fuego?

Son relativamente frecuentes las heridas por arma de fuego de etiología medicolegal homicida como resultado de contiendas militares y peleas, aunque también pueden presentar una etiología medicolegal suicida o accidental. Las heridas por arma de fuego con fines autolíticos generalmente recaen en la región cefálica, en la zona precordial y en la cavidad bucal. Las heridas accidentales suelen producirse como consecuencia de la limpieza o manipulación del arma o en actividades relacionadas con la caza.

¿Qué elementos intervienen en el disparo?

En un disparo intervienen la pólvora, el taco y el proyectil. La pólvora es la sustancia inflamable que sufre la combustión; el taco, que se encuentra en los cartuchos de escopeta, es el elemento que separa la pólvora de los proyectiles, y el proyectil es el elemento metálico impulsado al exterior del arma por la fuerza de los gases y es el que mayor lesividad produce.

¿Qué características tienen las heridas por arma de fuego?

Estas heridas se caracterizan por poseer un orificio de entrada, un trayecto y, en ocasiones, un orificio de salida. El orificio de entrada se ve en el plano cutáneo como resultado del alcance del cuerpo por un proyectil;

el trayecto es el recorrido que el proyectil realiza por las estructuras internas, y el orificio de salida se produce si el proyectil no queda alojado en el interior del organismo.

¿Qué es el tatuaje?

Se denomina *tatuaje* o *taraceo* a los efectos producidos en la piel por la acción de los elementos originados en la explosión de la pólvora.

¿Qué elementos forman el tatuaje?

Los elementos procedentes de la combustión de la pólvora que pueden dar lugar al tatuaje son el negro de humo, los gases de la explosión, la llama y los granos de pólvora no quemados. La quemadura producida por la acción de la llama y los granos de pólvora incrustados en la piel constituyen el denominado *tatuaje verdadero* o *indeleble*, por no desaparecer con el lavado, a diferencia del negro de humo y de los granos de pólvora superficiales, que sí desaparecen con el lavado. No siempre están presentes todos los componentes del tatuaje, pues la existencia de unos u otros dependerá de la distancia a la que se efectúe el disparo y del tipo de arma.

Según la distancia a la que se producen los disparos, ¿cómo se clasifican las heridas por arma de fuego?

La distancia a la que se produce el disparo determina las características específicas del orificio de entrada. De más cercano a más lejano, existen los siguientes tipos:

- Disparos a cañón tocante o a bocajarro: cuando el cañón del arma está apoyado sobre la superficie cutánea.
- Disparos a quemarropa: cuando la distancia a la que se produce el disparo es lo suficientemente corta para que la superficie cutánea sea alcanzada por la llama producida en la deflagración de la pólvora, además de por el resto de los productos de la combustión.
- Disparos a corta distancia: cuando el espacio que media entre el arma y el cuerpo es mayor que el alcance de la llama, pero se encuentra dentro del rango de alcance del resto de los productos originados en la combustión de la pólvora.
- Disparos a larga distancia: cuando el disparo se produce a una distancia mayor que la que alcanzan los productos de deflagración de la pólvora y el proyectil tan solo llega a la superficie cutánea.

¿Cómo se identifica el orificio de entrada?

El orificio de entrada se identifica por los efectos producidos por el impacto del proyectil y por los productos de la explosión de la pólvora sobre la zona de contacto del organismo.

Los efectos producidos por el proyectil son los elementos constantes, por estar presentes en todos los orificios de entrada, con independencia de la distancia a la que se produzca el disparo. Estos elementos se disponen de forma más o menos concéntrica y son los siguientes:

- Ojal producido por la perforación del plano cutáneo: se origina al vencerse la resistencia de la piel por la presión ejercida por el proyectil. Tiene una morfología circular u ovalada.
- Cintilla de contusión: alrededor del orificio anterior, existe un halo contusivo concéntrico que se produce

por tres mecanismos lesivos: presión, por el impacto del proyectil con gran fuerza viva sobre la superficie corporal; erosión, por el rozamiento a causa de la rotación del proyectil en su avance, y quemadura, por la temperatura elevada que lleva el proyectil.

- Cintilla de limpieza: es el componente que aparece en el orificio de entrada por el depósito de la grasa y las impurezas que arrastra el proyectil.

El conjunto de la cintilla de contusión y de la cintilla de limpieza es denominado *anillo de Fish*.

Por otro lado, los efectos generados por los productos de la explosión de la pólvora dan lugar a la formación del tatuaje. Estos efectos se aprecian en los orificios de entrada de disparos que se realizan a cañón tocante, a quemarropa y a corta distancia, pero no aparecen cuando se trata de disparos a larga distancia.

¿Cómo es el orificio de entrada de un disparo a bocajarro?

Este disparo produce una lesión denominada *orificio en boca de mina*, el único orificio de entrada de arma de fuego que no presenta forma circular ni ovalada, sino estrellada. Produce una destrucción de los tejidos por el efecto de los gases de la explosión, lo que da lugar a una lesión irregular con un fondo negruzco por los efectos del depósito del negro de humo y de la quemadura producida por la llama.

¿Qué características tiene el orificio de entrada de un disparo a quemarropa?

Este disparo produce un orificio de entrada con cintilla de contusión y cintilla de limpieza, una quemadura y los granos de pólvora no quemados dispuestos a su alrededor, que constituyen el tatuaje.

¿Cómo se identifica el orificio de entrada de un disparo a corta distancia?

El orificio de entrada de un disparo a corta distancia presenta ambas cintillas y los granos de pólvora no quemados dispersos a su alrededor.

¿Qué imagen presenta el orificio de entrada de un disparo a larga distancia?

El orificio de entrada no presenta tatuaje en este caso, por lo que solo está formado por los elementos resultantes del impacto del proyectil; es decir, el ojal, por rotura de los tejidos, la cintilla de contusión y la cintilla de limpieza.

¿Cómo es el trayecto de las heridas por arma de fuego?

El trayecto de este tipo de heridas puede ser rectilíneo, siguiendo la dirección del disparo, o con desviaciones, por el choque con estructuras, como los huesos. Generalmente, se trata de un trayecto único, pero en ocasiones hay varios trayectos internos por fragmentarse el proyectil al impactar con estructuras óseas.

¿Cómo es el orificio de salida por arma de fuego?

El orificio de salida por arma de fuego no es constante y se caracteriza por tener una morfología irregular y estrellada, un diámetro mayor que el orificio de entrada y unos bordes evertidos,[14] además de carecer de tatuaje alrededor de la lesión.

¿Cómo se puede averiguar la distancia desde la que se ha producido un disparo?

Existen dos maneras de conocer la distancia a la que se ha producido un disparo:

- Según la morfología del orificio de entrada: tiene una forma redondeada y bien definida cuando es un disparo a quemarropa, a corta distancia o a larga distancia, mientras que su morfología es estrellada e irregular cuando es un disparo a cañón tocante.
- Según los elementos del tatuaje que aparezcan: a mayor distancia, menores son los elementos del tatuaje en el orificio de entrada. En los disparos a larga distancia, el orificio de entrada no presenta tatuaje; en los de corta distancia, aparecen granos de pólvora no quemados; en los disparos a quemarropa, se observan granos de pólvora no quemados y quemadura, y, en los disparos a cañón tocante, están presentes granos de pólvora no quemados, quemadura y el efecto de los gases de explosión. Con las armas modernas, los elementos del disparo, a excepción del proyectil, suelen tener muy escaso alcance, por lo que en la práctica, si el disparo se realiza a una distancia superior a un metro, no encontramos tatuaje en la mayoría de las heridas.

---

14 Bordes que salen del interior del organismo a la superficie cutánea.

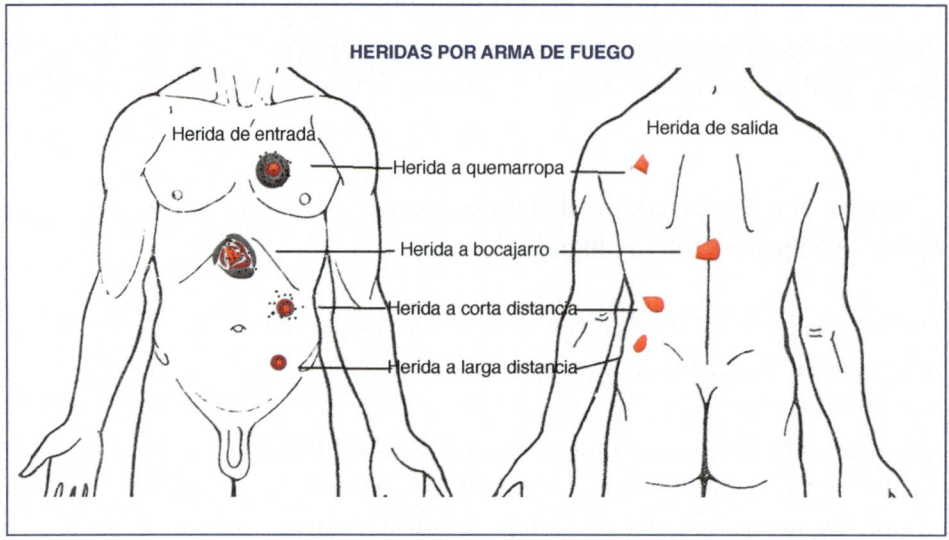

Figura 4.1. Imagen de los tipos de orificio de entrada según la distancia del disparo y de los orificios de salida. *Fuente:* elaboración propia.

¿Es posible determinar si la trayectoria del disparo ha sido perpendicular u oblicua?

Sí. Para ello, es necesario saber si la forma del orificio de entrada y de sus elementos es circular u ovalada. Si el ojal cutáneo, la cintilla de contusión, la cintilla de limpieza y los elementos del tatuaje presentan una morfología circular, el disparo ha sido perpendicular a la superficie del impacto. Si la morfología de los elementos citados es ovalada, el disparo se ha producido de forma oblicua a la superficie corporal donde ha impactado.

Y, de confirmar que se trata de una trayectoria oblicua, ¿se puede conocer la dirección del disparo?

Sí. Para ello, hay que identificar en qué zona del orificio de entrada, que será oval, se localiza la mayor parte de los elementos que lo constituyen. De esta forma, si el disparo se ha producido desde la derecha, tanto las cintillas de contusión y de limpieza como los elementos del tatuaje que aparezcan se localizan de forma más intensa en la región derecha de este. En el caso de que el disparo se haya producido desde la izquierda, los elementos del orificio de entrada se distribuyen más intensamente en la región izquierda. En conclusión, se trata de un orificio de entrada asimétrico en el que la mayor parte de los daños se localizan en la zona por donde primero impacta el proyectil en la superficie cutánea.

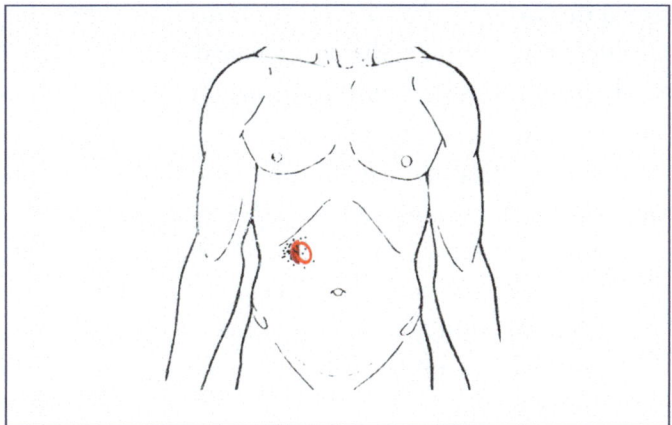

Figura 4.2. Distribución asimétrica de los componentes del tatuaje en el orificio de entrada por arma de fuego. *Fuente:* elaboración propia.

¿Por cada orificio de entrada existe un orificio de salida?

No necesariamente. Si el proyectil se queda alojado en algún órgano o en alguna cavidad del organismo, no aparece orificio de salida. Si el proyectil atraviesa el organismo y sale de él, se formará un orificio de salida. En algunas ocasiones, hay varios orificios de salida aun habiendo uno solo de entrada, como ocurre cuando el proyectil se fragmenta a su paso por el cuerpo. E incluso un mismo disparo puede originar más de un orificio de entrada y de salida si, a lo largo de su recorrido, atraviesa más de una zona del organismo, como ocurre, por ejemplo, cuando el disparo penetra en el brazo y, acto seguido, sale de él y penetra en el tórax.

¿Qué información se puede extraer de los orificios de entrada y salida por arma de fuego en el cráneo?

El estudio de las características de los orificios por arma de fuego localizados en el cráneo permite establecer la dirección del disparo, incluso cuando se trate del hallazgo de restos óseos. Los orificios tienen forma de embudo. La parte más estrecha del orificio de entrada se encuentra en la capa más externa del cráneo, que recibe el nombre de *tabla externa*, mientras que la más ancha se sitúa en la capa ósea más interna, llamada *tabla interna*. La disposición es opuesta en el orificio de salida se refiere: la zona más estrecha se localiza en la tabla interna y la más ancha, en la tabla externa.

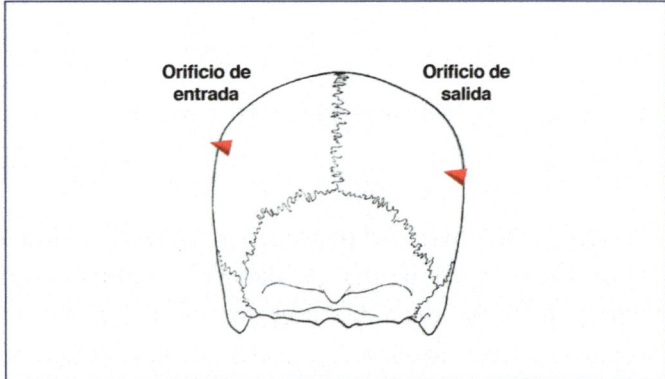

Figura 4.3. Disposición de la morfología que presentan los orificios de entrada y de salida de arma de fuego en el cráneo. *Fuente:* elaboración propia.

¿Cómo se identifica un disparo por arma de fuego de proyectiles múltiples?

En un disparo con arma de fuego de proyectiles múltiples, se produce la salida de numerosos proyectiles. Este tipo de disparo es característico de las escopetas cuyos proyectiles sean perdigones o postas. Estos proyectiles salen por el cañón en un primer momento agrupados y, a medida que avanzan en su trayectoria, se van dispersando en forma de cono. Por ello, el orificio de entrada que se conforme dependerá de la distancia a la que se produzca el disparo: a una distancia corta, los proyectiles se encontrarán tan próximos entre sí que producirán un único ojal de perforación, mientras que, a medida que aumente la distancia, se irán produciendo más perforaciones cutáneas en el orificio de entrada, debido al impacto de cada proyectil. La dispersión de estas perforaciones cutáneas será mayor cuanto más lejos se produzca el disparo y su profundidad, menor.

¿Los disparos con arma de proyectiles múltiples presentan orificio de salida?

Generalmente, los proyectiles múltiples presentan un trayecto corto —debido a que poseen poca masa y, por ello, escasa energía— y es frecuente que se queden alojados en el interior del organismo. De producirse orificio de salida, este se deberá a que los disparos se han producido a escasa distancia.

¿Cómo se averigua la posición del autor del disparo?

Las posiciones relativas tanto de la víctima como del agresor se desprenden habitualmente de las características de la herida; es decir, el agresor se encuentra siguiendo la línea recta que une orificio de entrada, trayecto y orificio de salida, lo que nos permite deducir su altura y posición, e incluso la distancia entre ambos en caso de haber tatuaje.

Estas consideraciones no siempre se cumplen, pues el proyectil puede sufrir desviaciones en su trayectoria antes de entrar en el cuerpo, como ocurriría con balas rebotadas, e incluso dentro del organismo si impacta en zonas óseas que modifiquen el trayecto interno.

¿Es posible averiguar la identidad del arma?

Dentro del estudio de la balística forense, se encuentra la identificación del arma causante del disparo, la cual se realiza primordialmente mediante el análisis del proyectil, tanto del calibre como de las deformidades y estrías que presenta, y su cotejo con las posibles armas causantes.

5

Quemaduras

¿Qué son las quemaduras?

Son lesiones que se producen en el organismo por la acción de distintos agentes, como el calor, el frío, los agentes cáusticos o las radiaciones.

¿Cómo son las quemaduras producidas por el calor?

Estas quemaduras se distinguen en grados. Cuanto mayor sea la temperatura y el tiempo de exposición a la fuente de calor, mayor será la profundidad de los tejidos afectados. Con base en ello, hay quemaduras de primer grado, segundo, tercero y cuarto.

¿Qué características tiene una quemadura de primer grado?

Es una lesión eritematosa, es decir, de coloración rojiza. Afecta solo a la epidermis, la capa más superficial de la piel, y consiste en una reacción inflamatoria localizada caracterizada por rubor,[15] aumento local de la temperatura y dolor.

¿Cómo se identifica una quemadura de segundo grado?

Estas quemaduras son lesiones en forma de vesículas, también denominadas *flictenas*.[16] Afectan a la epidermis y a la capa situada debajo de ella, la dermis.

¿Cómo son las quemaduras de tercer grado?

Son lesiones consistentes en la carbonización de los tejidos. Afectan a la epidermis, la dermis y la hipodermis, situada debajo de la dermis. Dan lugar a la necrosis[17] de los tejidos afectados y la formación posterior de cicatrices.

¿Qué caracteriza las quemaduras de cuarto grado?

Son lesiones por carbonización en las que se ven afectados tejidos más profundos que la hipodermis, como el tejido muscular y el óseo.

¿Cómo se evalúa la gravedad de un sujeto que presenta quemaduras en su cuerpo?

La gravedad que suponen las quemaduras depende, además de la profundidad y localización, de la extensión corporal que se vea afectada. A mayor superficie del

---

[15] Enrojecimiento.
[16] Ampolla.
[17] Muerte celular.

cuerpo afectada, mayor será la gravedad de las lesiones. Para calcular la superficie afectada, se utilizada la regla de los 9 de Wallace, que consiste en considerar que toda la extensión del cuerpo representa un valor del 100 % y que la superficie corporal queda dividida en regiones que representan un 9 % o porcentajes múltiplos de 9, reservando un 1 % a la superficie corporal de la región genital, quedando de la siguiente forma:

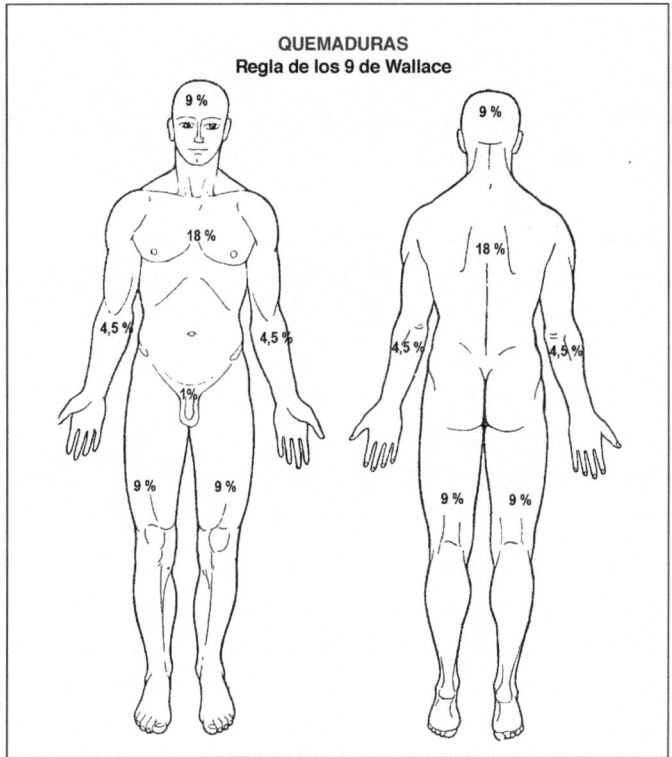

Figura 5.1. Regiones en que se divide la superficie corporal atendiendo a la regla de los 9 de Wallace. *Fuente:* elaboración propia.

¿Qué fuentes de calor producen quemaduras?

Entre las distintas fuentes de calor que producen quemaduras, se encuentran los sólidos calientes, las llamas, los líquidos calientes, el calor radiante, los gases en ignición y los vapores a altas temperaturas.

¿Cómo se identifican las quemaduras que producen los sólidos calientes?

El elemento sólido debe encontrarse a una temperatura muy elevada para producir una quemadura al contacto con la piel. Esta lesión es limitada, tiene la misma forma que el objeto que la ha producido y su profundidad varía según el tiempo de contacto. En la quemadura, pueden aparecer incrustaciones del material del objeto incandescente.

¿Qué características tienen las quemaduras producidas por llamas?

Estas quemaduras presentan una extensión amplia y unos bordes irregulares. Tienen una dirección ascendente, siguiendo el recorrido de la llama. Afectan tanto a las regiones cutáneas descubiertas como a las cubiertas por la vestimenta, excepto cuando haya elementos apretados que ejerzan presión, como sucede en la zona cutánea cubierta por un cinturón o por la goma de un calcetín.

¿Cómo se distingue una quemadura producida por un líquido caliente de las producidas por otros agentes?

Son quemaduras que presentan regueros por donde el líquido ha ido discurriendo y los pelos de la zona se conservan. En el caso de que el líquido caiga sobre una superficie corporal cubierta por ropa, las quemaduras resultantes serán más graves, por permanecer la piel más tiempo en contacto con el calor.

¿Cómo son las quemaduras por calor radiante?

Las quemaduras por radiación afectan a las zonas desprovista de ropas y pueden ser de diverso grado, dependiendo del tipo de radiación y del tiempo de actuación sobre el organismo. Entre este tipo de quemaduras, se encuentran las producidas por la radiación solar.

¿Cómo lesionan los gases en ignición?

Los gases a altas temperaturas se suelen producir en explosiones e incendios y provocan quemaduras extensas e irregulares, respetando las zonas cubiertas por vestimenta. Cuando el sujeto los inhala, pueden desencadenar su fallecimiento por un mecanismo asfíctico.

¿Producen las mismas quemaduras los gases en ignición que los vapores a altas temperaturas?

Las quemaduras producidas por estos agentes son diferentes. Las generadas por vapores a altas temperaturas sí afectan a las superficies corporales cubiertas por la vestimenta, zonas donde causan un mayor daño, en comparación con aquellas descubiertas, por mantenerse actuando el calor durante más tiempo. Además, es frecuente que se produzcan quemaduras de segundo grado con flictenas.

¿Cómo se producen las quemaduras por sustancias cáusticas?

Este tipo de lesiones se producen por el contacto, inhalación o ingestión de sustancias químicas ácidas o básicas capaces de reaccionar con los elementos celulares del organismo, produciendo la degradación celular. Las sustancias capaces de causar quemaduras son múltiples y de uso industrial y doméstico, lo que hace que estas sean relativamente frecuentes.

¿Qué productos provocan quemaduras ácidas?

Los elementos químicos ácidos más frecuentes son el ácido sulfúrico, presente en fertilizantes; el ácido clorhídrico, que forma parte de productos limpiadores de inodoros, y el ácido fluorhídrico, empleado en la fabricación de semiconductores. Estas sustancias son muy utilizadas, sobre todo en la industria, por lo que la etiología medicolegal más frecuente de estas quemaduras es la accidental en el ámbito laboral.

¿Cómo son las quemaduras por cáusticos ácidos?

Las quemaduras por ácidos se originan al reaccionar la sustancia ácida con el organismo, provocando una reacción química exotérmica, es decir, la liberación de calor. Esto causa una verdadera quemadura en las zonas de contacto, con desecación de los tejidos afectados. Esta lesión se caracteriza por ser dura, seca y oscura. La profundidad de las quemaduras depende tanto del tipo de ácido, será mayor cuanto más bajo sea su pH,[18] como de la superficie y del tiempo de contacto.

¿Qué sustancias provocan quemaduras alcalinas?

Las quemaduras por álcalis son mucho más frecuentes porque los productos que contienen estas sustancias, entre los que se encuentran la lejía o el amoniaco, son muy utilizados en el hogar en forma de limpiadores o blanqueantes. Por ello, aunque la etiología medicolegal es diversa, predomina con diferencia la accidental en

---

[18] El pH es un indicador del grado de acidez o de alcalinidad de una solución y está determinado por la cantidad de iones de hidrógeno existentes.

el ámbito doméstico, sobre todo en niños, y también como método autolesivo por ingestión.

¿Cómo son las quemaduras por sustancias alcalinas?

Los álcalis reaccionan con las mucosas de los tejidos, actuando sobre los lípidos y las proteínas y formando jabones, lo que favorece la formación de quemaduras húmedas, untuosas y más profundas.

¿Dónde se localizan habitualmente las quemaduras químicas?

La situación de las quemaduras depende fundamentalmente del lugar de entrada del tóxico. Por ello, en las intoxicaciones accidentales en el ámbito laboral, suelen encontrarse en la superficie cutánea, cuando existe contacto con la piel, o en las vías respiratorias, cuando el origen es por inhalación del cáustico. En las de etiología accidental en el ámbito doméstico y en las de origen suicida, la vía de entrada es la digestiva, lo que origina quemaduras ácidas o alcalinas en las vías digestivas y respiratorias altas, siguiendo un trayecto descendente: aparecen como regueros de quemaduras en las comisuras labiales, la lengua, el interior de la cavidad oral, la faringe, la laringe, la tráquea, el esófago y el estómago. Al ser sustancias muy irritantes, su ingestión provoca rápidamente el vómito, lo cual incrementa aún más la acción quemante. Las quemaduras en la laringe pueden cursar con edema de glotis[19] y desencadenar la asfixia por obstrucción de la entrada de aire a través de la laringe, lo que puede provocar el fallecimiento del

---

[19] La glotis es la abertura que se forma entre las cuerdas vocales por donde pasa el aire a través de la laringe.

sujeto. Si este sobrevive, suelen persistir cicatrices que estenosan[20] la luz de la faringe y el esófago.

¿Qué es un cadáver carbonizado?

Es un cadáver sobre el que han actuado llamas u otros materiales inflamables durante un periodo de tiempo suficiente como para producir quemaduras de cuarto grado de forma generalizada.

¿Qué etiología medicolegal puede tener la carbonización de un cadáver?

Al encontrarnos ante un cadáver carbonizado, habrá que comprobar si se trata de una carbonización suicida, accidental u homicida.

¿Qué caracteriza las carbonizaciones suicidas?

Las carbonizaciones suicidas corresponden a sujetos que, para conseguir el fin autolítico, se rocían con sustancias inflamables y, acto seguido, se prenden fuego. Es lo que se conoce como *quemarse a lo bonzo*.

¿Cómo se producen las carbonizaciones accidentales?

Las carbonizaciones accidentales son el resultado de incendios que se producen de forma inesperada en espacios en los que los sujetos no tienen posibilidad de huir, como ocurre en algunos accidentes de

---

[20] Estrechan.

tráfico en los que los ocupantes no pueden abandonar el vehículo por estar inconscientes o por existir obstáculos físicos.

¿Qué tipos de carbonizaciones homicidas existen?

Las carbonizaciones de origen homicida pueden ser de dos tipos. Las más frecuentes son aquellas en las que el sujeto fallece por causas violentas y, posteriormente, su cadáver es carbonizado por terceros para evitar su identificación y destruir los indicios biológicos que existan. Menos frecuente es la carbonización homicida en la que la causa del fallecimiento son las quemaduras que se producen de forma intencionada sobre un sujeto.

¿De qué forma se puede identificar un cadáver carbonizado?

Generalmente, la identificación mediante el reconocimiento facial no es posible por los efectos de la carbonización, por lo que los métodos que se suelen utilizar son el estudio dentario y el biológico a fin de determinar la molécula de ácido desoxirribonucleico (ADN). Las estructuras dentarias tienen una alta resistencia al calor, por lo que este método identificativo se basa en obtener datos del estado de las piezas dentales del cadáver y cotejarlos con los datos de registros odontológicos *ante mortem* del sujeto para confirmar su identidad. El método biológico es el más empleado: se debe obtener una muestra del cadáver y, de ella, extraer ADN de sus células. Este ADN será comparado con el extraído de muestras biológicas de supuestos familiares o de objetos personales del sujeto, como peines o cepillos de dientes, para confirmar o descartar una identidad.

En caso de que haya un cadáver carbonizado, ¿cómo se averigua si el sujeto estaba vivo mientras aconteció el incendio o si falleció previamente y su cadáver fue carbonizado para destruir indicios?

Se puede averiguar mediante los hallazgos de la autopsia o determinaciones analíticas. Durante la autopsia, habrá que realizar el estudio de la vía aérea, para lo que se procede a la apertura de la laringe, la tráquea y los bronquios.

La presencia de negro de humo y ceniza en el interior de esas estructuras será indicativa de que el sujeto ha respirado en el foco del incendio y, por lo tanto, estaba vivo durante este. El negro de humo y ceniza no estará en las vías aéreas si la persona ya había fallecido cuando se encontraba en el foco del incendio, aunque estas sustancias se pueden encontrar en la lengua por impregnación.

Por otro lado, se puede realizar la determinación analítica del nivel de carboxihemoglobina en una muestra de sangre. Esta molécula es el resultado de unirse el monóxido de carbono (CO) a la molécula de hemoglobina presente en la sangre, pues la hemoglobina es la responsable del transporte del oxígeno. Un nivel de carboxihemoglobina elevado sugiere que el sujeto inhaló altas concentraciones de monóxido de carbono, lo que sería indicativo de que estaba vivo respirando en el foco del incendio.

¿Qué características presenta externamente un cadáver carbonizado?

Como consecuencia de la acción prolongada del efecto de las llamas, estos cadáveres:

- Poseen un menor peso que en vida, e incluso una menor talla.
- Pueden presentar amputaciones de las extremidades.
- Tienen la piel de coloración negruzca, excepto en las zonas de vestimenta apretada, y de consistencia seca.
- Presentan la cavidad bucal abierta.
- Tienen los brazos flexionados, lo que hace que adopten la llamada *postura del boxeador*.
- Pueden presentar aberturas en los pliegues de flexión de las extremidades. Desde el punto de vista criminológico, esto reviste gran interés, pues estas aberturas no deben confundirse con lesiones por arma blanca.
- Pueden presentar aberturas de la cavidad craneal, torácica y abdominal y desaparición de estructuras musculares y óseas si la actuación del fuego ha sido muy prolongada.
- Muestran la córnea[21] opalescente: simula el aspecto de un iris azulado.
- Tienen coagulado el cristalino[22]: simula el aspecto de cataratas en el ojo.

¿Qué hallazgos se encuentran en el examen interno de un cadáver carbonizado?

Durante la realización de la autopsia, se procede al examen interno:

- Si no se ha producido la apertura de la cavidad torácica ni abdominal por la acción del calor, las

---

[21] Capa transparente del ojo que se sitúa en su parte anterior.

[22] Estructura ocular situada detrás de la pupila que actúa como lente.

vísceras presentan un buen estado de conservación, por lo que se pueden identificar lesiones en los órganos.

- Los músculos y el corazón poseen un aspecto sonrosado.
- Debido a que, por la acción del calor, en muchas ocasiones no es posible identificar el sexo mediante la inspección externa, hay que comprobar si el cadáver tiene útero, por ser un órgano muscular muy resistente.
- La vía aérea de un cadáver que haya respirado en el foco del incendio tendrá ceniza y humo en su interior.

6

Lesiones por electricidad

¿Cuál es el origen de las lesiones por electricidad?

Los resultados de la acción lesiva de la electricidad sobre el organismo obedecen a dos orígenes: la electricidad artificial, cuyo efecto es la electrocución, y la electricidad natural derivada de fenómenos atmosféricos, que ocasiona la fulguración.

¿Qué es la electrocución?

Es el efecto del paso de la electricidad industrial por el organismo vivo, lo que da lugar a lesiones o incluso al fallecimiento.

¿Qué etiología medicolegal pueden tener las lesiones por electrocución?

Las lesiones por electrocución suelen ser accidentales y son frecuentes en los ámbitos doméstico y laboral, pero también pueden responder a una etiología medicolegal suicida, homicida y de suplicio. Entre las de origen homicida, se encuentran las lesiones de tortura producidas por el empleo de dispositivos eléctricos. Las de suplicio son consecuencia del ajusticiamiento, como la ejecución en la silla eléctrica.

¿Qué se entiende por fulguración?

Es el efecto del paso de la electricidad atmosférica en forma de rayo por el organismo.

¿Cuál es la etiología medicolegal de las lesiones por fulguración?

La etiología medicolegal de las lesiones por fulguración es accidental y estas se dan con más frecuencia en el medio rural.

¿Los efectos producidos por la electricidad en el organismo son siempre iguales?

No, pues dependen de los siguientes factores:

- De la intensidad de la corriente eléctrica: cuanto mayor sea, más graves suelen ser los daños producidos en el sujeto que sufra la descarga eléctrica.
- De la resistencia cutánea: cuanto menor sea la resistencia que ofrece el organismo al paso de la corriente eléctrica, mayores serán los efectos lesivos.
- Del tiempo de contacto: el tiempo de contacto entre la corriente y el cuerpo del sujeto es proporcional al daño causado.

¿En qué circunstancias presenta la piel una menor resistencia?

Si la piel está húmeda o mojada, o presenta alguna lesión con solución de continuidad,[23] la resistencia que ofrece es menor que cuando está seca e íntegra.

¿A qué fenómenos se atribuyen los daños originados en el organismo debido al paso de la electricidad?

Los daños que se producen son consecuencia de dos elementos: la corriente eléctrica propiamente dicha y el calor que se genera al pasar esta corriente. Este calor se produce por el efecto Joule, que consiste en el desprendimiento de calor por el movimiento de los electrones al impactar contra el material conductor.

¿Cuáles son los daños que se producen en el organismo debido al paso de la electricidad?

Como consecuencia del paso de la corriente eléctrica a través de determinadas células que se rigen por impulsos eléctricos, como las células del sistema de conducción cardiaco[24] o las neuronas del tronco del encéfalo,[25]

---

[23] La solución de continuidad en la piel se traduce en una ruptura de los tejidos a nivel cutáneo.

[24] El sistema de conducción cardiaco lo constituye un conjunto de estructuras a lo largo de las cuales se va transmitiendo el estímulo del latido del corazón a todas las células cardiacas.

[25] El tronco de encéfalo es la parte del sistema nervioso central situada justo encima de la médula espinal, con la que se continúa. En la superficie, presenta grupos de neuronas responsables de distintas actividades; uno de ellos, el grupo de neuronas que constituyen el centro respiratorio.

pueden desencadenarse fibrilaciones ventriculares[26] o parálisis del centro respiratorio, respectivamente. Por otro lado, los daños que se producen debido al calor generado son quemaduras y amputaciones —por la acción directa de una temperatura elevada sobre los tejidos—, salpicaduras y metalizaciones.

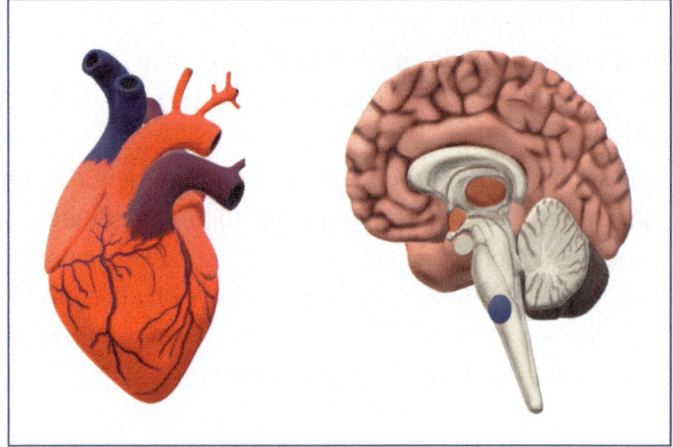

Figura 6.1. Imagen del corazón y del encéfalo. En el dibujo del encéfalo, se destaca en azul la región correspondiente al bulbo raquídeo, donde se sitúan los centros nerviosos de la respiración. *Fuente:* programa Paint 3D.

¿Cómo se determina que un sujeto ha fallecido por una electrocución?

En este tipo de fallecimiento, es muy importante realizar una buena diligencia de inspección ocular, ya que, en muchas ocasiones, nos aporta gran parte de la información de lo ocurrido, pues es frecuente que los hallazgos de la autopsia sean escasos e inespecíficos. Durante el examen externo, es fundamental que se encuentre la

---

[26] Son contracciones descoordinadas y anómalas de los ventrículos del corazón.

lesión patognomónica[27] de la electrocución, que recibe el nombre de *marca electroespecífica* o *marca eléctrica de Jellinek*.

¿Cómo se identifica la marca electroespecífica?

Esta lesión es una quemadura con unas características particulares que aparece en la zona concreta de piel donde se ha producido el contacto con la corriente eléctrica y por donde esta ha penetrado al organismo. Se caracteriza por ser una lesión que reproduce la forma del objeto conductor, posee una coloración amarillenta y una consistencia dura, presenta una zona deprimida en la región central con bordes sobrelevados y es indolora en los casos de supervivencia.

¿Se ve en todos los casos de electrocución la marca electroespecífica en la superficie cutánea de forma constante?

La visibilidad de esta lesión no es constante, sino que depende de la resistencia que haya presentado el tejido cutáneo al paso de la corriente eléctrica en su recorrido. Es decir, cuanta más resistencia ofrezca la piel al paso de la electricidad, mayor será el tamaño y la visibilidad de la marca eléctrica, y ocurrirá lo contrario cuanto menor sea la resistencia que oponga la piel al paso de la corriente. Uno de los elementos que disminuye la resistencia cutánea es la humedad, lo que explica por qué cuando se produce la electrocución de un sujeto que manipula un aparato eléctrico mientras se está bañando la marca eléctrica es imperceptible.

---

[27] Una lesión patognomónica es aquella única y exclusiva de un proceso o cuadro clínico concreto.

¿Qué lesiones puede presentar un sujeto que sufre una electrocución?

Además de la lesión electroespecífica, puede presentar quemaduras, metalizaciones y salpicaduras.

¿Qué características tienen las quemaduras producidas en la electrocución?

Según la intensidad del calor generado y el tiempo de actuación, pueden producirse quemaduras de primer grado, segundo, tercero y cuarto. De generarse quemaduras de cuarto grado, al verse afectados planos profundos, como el muscular y el óseo, pueden producirse amputaciones.

¿Solo existe la quemadura en el punto de entrada de la corriente eléctrica?

En ocasiones, se identifica una quemadura en la región corporal por donde la electricidad abandona el organismo, es decir, por el punto de salida, que coincide con la zona de contacto del cuerpo con el lugar de menor resistencia a la corriente eléctrica, por donde esta continúa su trayecto.

¿Qué son las metalizaciones y las salpicaduras?

Las metalizaciones y las salpicaduras son las impregnaciones en la piel de partículas metálicas fundidas. Las metalizaciones son de menor tamaño y se disponen de forma más localizada alrededor de la quemadura de entrada de la electricidad, mientras que las salpicaduras son de un tamaño mayor y se disponen de forma más dispersa.

¿Cuál es la causa del fallecimiento de un sujeto que sufre una electrocución?

El fallecimiento como consecuencia de una electrocución puede deberse a causas cardiacas o respiratorias. El fracaso de la función cardiaca es consecuencia de una fibrilación ventricular en la mayoría de los casos, al pasar la corriente eléctrica por el sistema de conducción cardiaco. El fallecimiento por cese de la función respiratoria puede deberse a dos causas: la parálisis del centro respiratorio bulbar, al pasar la corriente eléctrica por él, o la tetanización[28] de los músculos respiratorios, al circular la corriente por la cavidad torácica, lo que desencadena un cuadro asfíctico.

¿Qué es característico de los casos en que un sujeto sufre una fulguración?

En la piel de los sujetos que han sufrido una fulguración se observa una lesión característica denominada *lesión arboriforme* o *lesión en helecho*, pues es similar a un árbol ramificado. Es de color rojo violáceo y aparece por una parálisis del flujo sanguíneo en los capilares de esa región. Se forma en la superficie que ha atravesado la energía del rayo, que suele ser el tronco o los brazos. Además, pueden darse otras lesiones, como quemaduras, salpicaduras, metalizaciones e incluso amputaciones. En ocasiones, dada la gran fuerza del rayo, el cuerpo es lanzado a distancia, lo que provoca traumatismos importantes.

---

[28] La tetanización es la contracción muscular mantenida e involuntaria. Cuando afecta a los músculos respiratorios, impide su relajación, por lo que su función se ve alterada e impide realizar los movimientos respiratorios.

7

Lesiones por explosiones

¿Qué es una explosión?

Es una liberación brusca y rápida de una cantidad de energía que se encuentra contenida en un espacio reducido acompañada de un incremento intenso de la presión y de la liberación de luz, gas y calor. Suele presentarse con un estruendo y con la destrucción del elemento que contiene la energía.

¿Cómo se clasifican las explosiones?

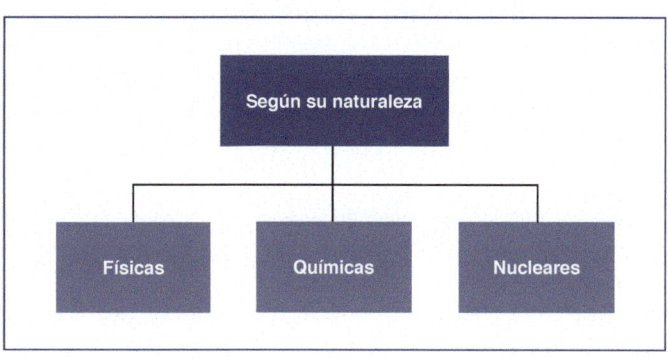

¿Qué son las explosiones físicas?

Son aquellas explosiones en las que se produce la ruptura de los recipientes que contienen gases o vapores comprimidos. Esta ruptura se desencadena por cambios de temperatura o de presión, sin que se produzca ninguna transformación de la materia.

¿Qué subtipos de explosiones físicas existen?

Las explosiones físicas pueden clasificarse atendiendo a su origen en explosiones físicas naturales, como la erupción de un volcán por la reanudación de su actividad, y en explosiones físicas de origen artificial, como las que se producen en el ámbito industrial o doméstico de forma accidental al explosionar botellas contenedoras de gases, como una bombona de gas butano.

¿Qué tipo de explosión es una explosión química?

Es aquella explosión en la que sí que se produce una modificación molecular de la materia explosiva. Dentro de este grupo, se sitúan las combustiones, en las que es necesaria la aplicación de un detonante para que tenga lugar la explosión.

¿Qué se entiende por explosión nuclear?

Las explosiones nucleares son las que se producen por procesos de fusión[29] o de fisión[30] de los núcleos de los

---

[29] La fusión nuclear es la reacción nuclear que consiste en que varios núcleos de distintos átomos se unen y dan lugar a la formación de un átomo de mayor peso.

[30] La fisión nuclear es la reacción nuclear en la que un núcleo de un átomo se divide en dos núcleos al ser bombardeado con neutrones.

átomos. A este grupo pertenecen las explosiones atómicas y las nucleares y, aparte de compartir los elementos generales de todos los tipos de explosiones, tienen efectos radiactivos tempranos y tardíos, como mutaciones genéticas, malformaciones o esterilidad.

¿Qué etiología medicolegal presentan las lesiones y los fallecimientos por explosiones?

Las lesiones y fallecimientos por explosiones suelen ser accidentales y homicidas; son menos frecuentes los de origen suicida. Los accidentales suelen producirse en el ámbito laboral como consecuencia del manejo de sustancias y productos con riesgo de explosión, como sucede en la construcción o la minería, y en el ámbito doméstico, generalmente relacionadas con la presencia de bombonas de gas. Los de etiología homicida han estado presentes a lo largo de la historia en los conflictos armados, si bien en los últimos tiempos son de mayor frecuencia por estar relacionadas con muchos de los actos terroristas. Los de origen suicida son menos frecuentes y, entre ellos, encontramos aquellos sufridos por los propios terroristas, que se inmolan colocándose dispositivos explosivos en el cuerpo para perpetrar un atentado.

¿Qué es la onda explosiva?

Es la transmisión a través del aire del aumento de la presión que se genera en la explosión. También puede denominarse *onda expansiva*. El impacto de esta onda sobre el cuerpo de un sujeto puede dar lugar a diversos efectos lesivos, que forman parte del llamado *síndrome por explosión*, también conocido como *síndrome de blast*.

¿Qué tipo de lesiones originan las explosiones?

Las consecuencias sobre el organismo permiten distinguir entre lesiones primarias, que son las que forman parte del síndrome por explosión, lesiones secundarias, lesiones terciarias y lesiones cuaternarias.

¿Qué lesiones se pueden producir en el síndrome por explosión?

Estas lesiones derivadas directamente del impacto de la onda de choque sobre el organismo reciben el nombre de *lesiones primarias*. Las más frecuentes son las lesiones óticas, pulmonares y abdominales, aunque pueden producirse también lesiones oculares y encefálicas.

¿Cuáles son las lesiones óticas más frecuentes como consecuencia de una explosión?

El órgano más afectado es el tímpano: se producen perforaciones de la membrana timpánica y hemotímpano, que es la acumulación de sangre en el oído medio. También puede verse afectada la cadena de huesecillos y la cóclea.

¿Qué lesiones pulmonares aparecen en un sujeto por acción de la onda expansiva?

Las lesiones pulmonares son la principal causa de mortalidad en las explosiones, debido a los daños en los alveolos y en la estructura pulmonar, que cursan con neumotórax,[31] hemotórax[32] y hemorragias y con-

---

[31] Presencia de aire en la cavidad pleural, el espacio situado entre el pulmón y la pared torácica.

[32] Presencia de sangre en la cavidad pleural.

tusiones pulmonares. Además, al verse afectada la membrana alveolocapilar, pueden generarse embolias gaseosas,[33] lo que origina lesiones a distancia, como lesiones encefálicas.

¿Cuáles son los principales daños orgánicos de la onda expansiva en el abdomen?

Las lesiones que se dan con mayor frecuencia en los órganos abdominales recaen en el colon. Estas lesiones, junto con las producidas en el intestino delgado, pueden ser perforaciones, isquemias o contusiones. También pueden producirse infartos o rotura de vísceras macizas, como el hígado, los riñones o el bazo.

¿Qué daño puede originarse en los ojos y en el encéfalo por la acción de la onda explosiva?

Los efectos lesivos en estas zonas son el resultado de cambios de presión. Entre los daños ópticos, se encuentran las hemorragias oculares y la rotura del globo ocular. Entre las lesiones encefálicas, destacan las contusiones, el edema y las hemorragias.

¿Qué son las lesiones secundarias producidas en las explosiones?

Son las lesiones que se generan por el impacto o penetración en el cuerpo de elementos propulsados en la propia explosión. Estos elementos pueden formar parte

---

[33] Las embolias gaseosas se producen por la presencia de burbujas de aire que circulan por la sangre, que pueden obstruir los vasos sanguíneos.

del propio explosivo, de la estructura que lo contiene o de estructuras adyacentes. Los daños que originan suelen revestir gravedad, por alcanzar planos profundos, e incluso a veces se llegan a producir amputaciones. En este grupo de lesiones, se incluyen las producidas por metralla y por los fragmentos de cristales que se generen en una explosión.

¿Qué son las lesiones terciarias generadas en las explosiones?

Son aquellas lesiones que sufre un sujeto cuando es proyectado del lugar en el que se encuentra por los efectos de la explosión. En este desplazamiento, puede impactar contra superficies, como paredes, el suelo u otros obstáculos, y sufrir lesiones de diversa naturaleza, como contusiones y fracturas.

¿A qué hacen referencia las lesiones cuaternarias de una explosión?

Se trata de aquellas lesiones que pueden tener lugar como consecuencia de una explosión y que no pertenecen a ninguna de las clasificaciones anteriores. En este grupo, se engloban las lesiones derivadas de la liberación de calor de la explosión, como las quemaduras, o la asfixia, que puede darse al inhalar los gases generados.

¿Cuál es la importancia medicolegal de las explosiones?

Las explosiones son fenómenos muy destructivos, pues pueden producir daños incluso a una gran distancia del foco explosivo. Esto da lugar a grandes lesiones personales y a importantes destrozos materiales. En muchas ocasiones, las lesiones son de tal gravedad que provocan el fallecimiento del sujeto, bien de forma inmediata, o bien de forma diferida. De producirse el fallecimiento, el cadáver puede presentar graves amputaciones y carbonizaciones, lo que dificulta su identificación mediante la inspección visual, por lo que se debe recurrir a otros métodos más complejos para confirmar su identidad, como el estudio del ADN.

¿Cuál es la intervención del médico forense sobre los sujetos vivos que presentan lesiones como consecuencia de una explosión?

Tanto las explosiones homicidas como las suicidas y accidentales son objeto de investigación en la fase de instrucción judicial para esclarecer los hechos, así como para determinar la responsabilidad penal. En el seno de la investigación judicial, los sujetos que hayan resultado lesionados como consecuencia de la explosión serán reconocidos por el médico forense, quien hará un seguimiento hasta que alcancen la curación o sus lesiones se estabilicen. En este momento, será cuando el médico forense elabore un informe de sanidad para informar al juzgador de las lesiones que han sufrido los sujetos, de los tratamientos médicos y quirúrgicos a los que han sido sometido y de los perjuicios personales y laborales derivados de los efectos lesivos de la explosión, así como de las secuelas físicas y psíquicas.

¿Cuál es la intervención del médico forense sobre los sujetos que fallecen en una explosión?

Las muertes que se producen por explosiones son violentas, por lo que, en cumplimiento de la legislación vigente, se tiene que realizar una autopsia judicial. Tras llevarla a cabo, el médico forense debe confirmar si se trata de un fallecimiento violento, establecer la causa y la data y determinar la etiología medicolegal.

¿Cuáles son las causas principales de los fallecimientos en explosiones?

El fallecimiento de un sujeto víctima de una explosión puede deberse a diferentes causas: lesiones internas graves como consecuencia del impacto de la onda explosiva, conocidas como *síndrome por explosión* o *síndrome de blast*; lesiones derivadas de los traumatismos que puede sufrir el sujeto al ser desplazado por los efectos de la explosión; daños producidos por el impacto y penetración de metralla procedente del explosivo o de fragmentos materiales originados por la onda explosiva; quemaduras generadas por el efecto térmico producido en la explosión, o asfixia desencadenada por la inhalación de los gases ocasionados en el foco explosivo.

8

Grandes catástrofes

¿Qué es una gran catástrofe?

Es un hecho destructivo para el que la capacidad de respuesta local con los medios habituales es insuficiente, lo que provoca un impacto sanitario, demográfico, económico y social mucho mayor que el del propio hecho catastrófico.

¿Qué tipos de catástrofes con múltiples víctimas se pueden encontrar?

Atendiendo a la etiología de estas, los accidentes con múltiples víctimas pueden tener los siguientes orígenes:

Terrestres: accidentes de tráfico en vehículos de pasajeros o de mercancías peligrosas y accidentes de tren o metro.

Inundaciones: lluvias torrenciales, maremotos y tsunamis.

Siniestros naturales: terremotos y erupciones volcánicas.

Marítimos: hundimiento de cruceros y transatlánticos.

Incendios: forestales u originados en grandes edificios.

Aéreos: accidentes de aviones de pasajeros.

¿Qué características tienen los fallecidos en los accidentes terrestres?

Generalmente, los fallecidos presentan unas características distintas en cada tipo de catástrofe, lo que suele ser utilizado por los profesionales intervinientes como elemento para planificar la respuesta y actuar en cada caso. Así, en los accidentes con múltiples víctimas mortales como consecuencia de accidentes de tráfico terrestre —de autobús, tren o metro—, los fallecidos suelen presentar traumatismos menos intensos que en otros tipos de catástrofe, pertenecer a una única nacionalidad o a pocas y portar la documentación con ellos.

¿Qué sucede en las inundaciones y en los siniestros naturales?

En estos supuestos, los cadáveres no tienen grandes traumatismos, por lo que son fácilmente reconocibles por parientes o vecinos en los primeros momentos. En ocasiones, los cadáveres pueden ser arrastrados a larga distancia y aparecer bastante tiempo después, lo que dificulta su identificación, pues, además, no suelen llevar la documentación personal con ellos.

¿Cómo son los accidentes marítimos?

En los naufragios, los cadáveres sufren mayores des-
trucciones y mutilaciones por varios factores: la acción
química del agua, el efecto mecánico del barco, de las
rocas y del fondo marítimo y la acción biológica de
los peces y mamíferos marinos. Debido a estos efectos
biológicos y a su dispersión en el mar, hay cadáveres
que no llegan a rescatarse.

¿Qué ocurre en los incendios?

En los incendios, los fallecidos pueden encontrarse
asfixiados, quemados, carbonizados o aplastados, lo
que explica que las lesiones y los hallazgos sean diferentes según el tipo de incendio.

¿Qué caracteriza los accidentes aéreos?

En los accidentes aéreos, se producen traumatismos de
gran intensidad. Se da una importante destrucción
de los cadáveres y una gran dispersión de restos cadavéricos y objetos. Al existir una lista de embarque, se
acota el número de pasajeros, lo que facilita llevar a
cabo la identificación de los fallecidos.

¿Cómo se organiza la respuesta frente a una catástrofe?

En la primera fase de una catástrofe, la más inmediata
en el tiempo y el lugar, deben establecerse los reque-
rimientos técnicos y humanos, que actuarán simultá-
neamente con los voluntarios espontáneos, los cuales
deben ser organizados para evitar mayores consecuencias negativas. Rápidamente, debe ir organizándose una

respuesta institucionalizada con expertos para ofrecer una mayor calidad técnica.

Esta respuesta se organiza como sigue:

- Optimizando los medios locales, pues son los más cercanos al suceso y los que mejor conocen el terreno.
- Adecuando el funcionamiento interinstitucional de los cuerpos y administraciones intervinientes, capaces de llevar a cabo un trabajo interdisciplinar y multiprofesional.
- Disponiendo bases de datos de recursos materiales y humanos.
- Definiendo áreas de responsabilidad entre los diferentes recursos existentes.
- Estableciendo un plan de actuación (procedimientos de actuación marco).

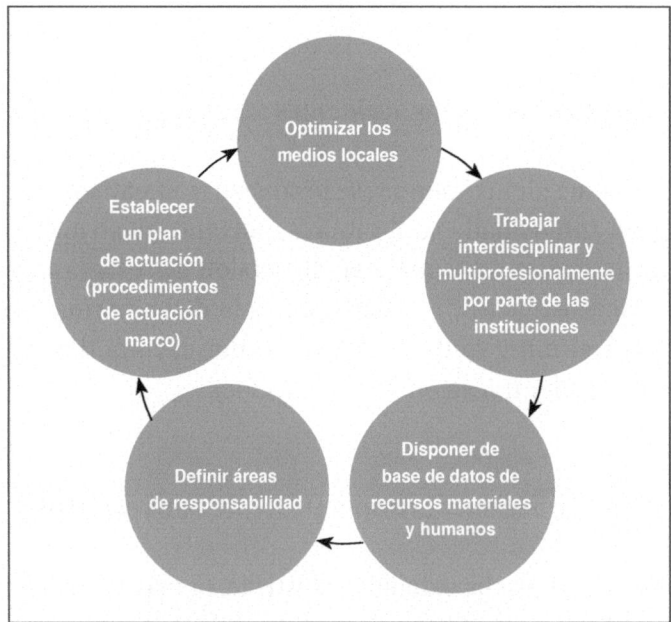

¿Cómo se establece el plan de actuación?

En una catástrofe, un plan de trabajo se diseña con la premisa de compatibilizar aspectos que en muchas ocasiones serían contradictorios; por ejemplo, ha de dar una respuesta integral de apoyo psicológico y determinar la identificación de los fallecidos, todo ello en un tiempo récord y bajo la presión de toda la sociedad. Los requisitos de identificación indubitada y el procedimiento judicial abierto son aspectos irrenunciables, ya que, de no cumplirse, los efectos a largo plazo serían de mayor intensidad.

Ante esta aparente confrontación de intereses, se actúa por fases, lo que permite adaptarse a los focos de atención que la catástrofe genera, que son los siguientes:

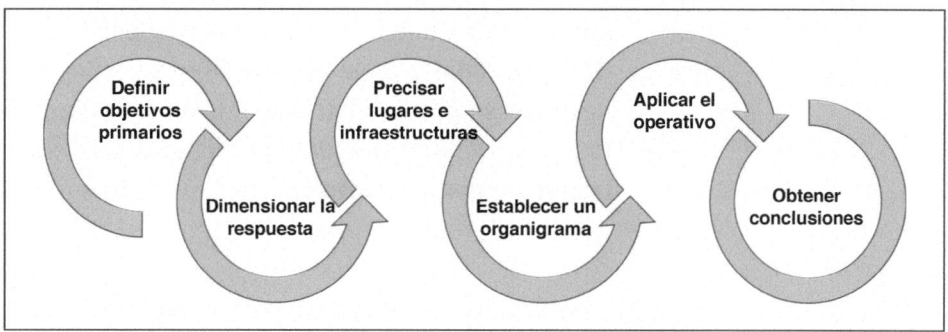

¿Cuáles son los objetivos de un plan de catástrofe en lo relativo a los fallecidos?

Resumidamente, los objetivos principales de la actuación ante una catástrofe son tres:

1) Llevar a cabo la identificación indubitada[34] es un objetivo principal e irrenunciable, ya que soporta el mayor peso en lo que respecta a los fallecidos, y cualquier fallo puede llevar asociadas consecuencias irreparables. En ocasiones, es tan complicado que requiere un proceso temporal mucho mayor que el de otras áreas de actuación.

2) Realizar la investigación exhaustiva de la causa de la catástrofe.

3) Asegurar una respuesta integral a los familiares y allegados, así como disminuir en lo posible los agentes estresantes que deben soportar las personas que tienen que identificar a sus seres queridos fallecidos. La única preocupación de las víctimas de la tragedia y la de sus familiares y allegados ha de ser su propia tristeza, por lo que se debe evitar la aparición de factores que agudicen el estrés originado por la catástrofe.

¿Qué parámetros se utilizan para adecuar la respuesta a la catástrofe?

Cuando nos encontramos ante una catástrofe, el primer movimiento es siempre el abordaje inmediato de los problemas que surgen, pero, a la vez, es necesario dimensionar la magnitud de esta para preparar la respuesta.

Hay que utilizar el tiempo necesario para establecer el correspondiente nivel de respuesta evaluando todos los parámetros posibles, pues las prisas o errores de estimación luego serán difícilmente asumibles.

---

[34] Que no da lugar a dudas.

En lo referente a los fallecidos y sus familiares, se atenderá a los siguientes parámetros:

a) Número de personas fallecidas y características: hay que determinar si el número de fallecidos es conocido o estimado, así como algunas de las características de estos, tales como su lugar de origen y el estado real de los cadáveres.

b) Número de acompañantes, familiares o allegados existentes: se establecen algunos parámetros para estimar su presencia en lugares cercanos a la tragedia, así como para determinar las necesidades especiales derivadas del número existente, de la presencia de enfermedades previas, de la necesidad de tratamiento farmacológico genérico y psicoterápico urgente y de la posible aparición de cuadros clínicos graves, como crisis hipertensivas, que requerirán actuación clínica inmediata.

¿Cuáles son las fases de actuación preliminares en un accidente con múltiples víctimas mortales?

Lo primero es comprobar la realidad del suceso. A continuación, se acordonará la zona y se implantarán medidas de seguridad para impedir el acceso al área catastrófica y proceder al rescate de los supervivientes. Una vez finalizado lo anterior, se señalizará y cuadriculará la zona, tras lo que se iniciará la inspección ocular y la recogida de evidencias para averiguar las causas del siniestro.

¿Cómo se procede a la inspección ocular y al levantamiento de los cadáveres en las grandes catástrofes?

La inspección y el levantamiento de los cadáveres se lleva a cabo en primer término, tanto en tiempo como en lugar, y se realiza en el centro de clasificación primaria, que es el área de recuperación y de levantamiento de cadáveres, restos humanos y efectos.

La elección del centro está muy limitada por la inmediatez: ha de ser cercano a la zona de los hechos y poseer acceso libre a las zonas encargadas de la respuesta en los siguientes niveles. En este centro, no se realiza ningún reconocimiento por familiares, sino que solamente tiene una misión preliminar consistente en:

- Diferenciar en primer lugar los cadáveres, marcados con la letra C, de restos humanos, marcados con la letra R.
- Introducir los cadáveres y los restos humanos en un saco mortuorio y enumerado, así como colocarles una pulsera de identificación con un número. La recogida de objetos personales se hace en pequeños contenedores con el mismo número que los fallecidos y se introducen en el mismo sudario.
- Proceder a la recogida de datos iniciales, tales como el sexo, la edad y los rasgos generales.
- Referenciar el lugar del hallazgo.
- Realizar fotografías de frente y de ambos perfiles de los cadáveres y obtener la reseña dactilar.

¿Dónde se realizan las identificaciones de los cadáveres y restos cadavéricos?

Desde el centro de clasificación primaria se trasladan los cadáveres y los restos al área de depósito de cadáveres, donde se realizan las labores de identificación.

Esta área de depósito de cadáveres se divide en las siguientes zonas:

- Zona de recepción de cadáveres.
- Zona de cadáveres identificados dactilarmente: en ella, se realiza un estudio radiográfico de los cadáveres y los correspondientes exámenes externos e internos para determinar las causas del fallecimiento, además de tomar muestras para obtener material genético.
- Zona de cadáveres no identificados: en ella, se realiza un estudio radiográfico de los cadáveres no identificados, un examen externo, incluyendo la toma de fotografías, y un examen interno, incluyendo el estudio odontológico y la toma de muestras para ADN.
- Zona para el tratamiento de restos humanos: en ella, se realizan fotografías de conjunto de los restos y en detalle para averiguar qué zona u órgano corporal es, se describen las lesiones presentes y

se realiza la toma de muestras para la identificación individual.
- Zona de recogida de datos *ante mortem*.

¿Qué hacen los equipos *ante mortem*?

Los equipos *ante mortem* se encargan de la toma de
fotografías, de la descripción de la vestimenta y de los
efectos personales, de la anotación de los datos antropométricos y personales, como tatuajes, cicatrices y
prótesis, y de la obtención de las muestras genéticas
de familiares directos y *ante mortem* del fallecido.

¿Cómo se obtienen las muestras para identificación genética?

Las muestras cadavéricas se identifican, se rellena el
formulario de recogida y se completa el documento
relativo a la cadena de custodia. Las principales muestras que se obtienen son fragmentos de músculo, de
vísceras o de piel, sangre, piezas dentales, huesos o
uñas; se tomarán unas u otras en función del estado
del cuerpo.

Las muestras de los familiares deben identificarse, así
como determinar el parentesco del donante. Se suele
extraer una muestra de saliva empleando dos hisopos
con los que se frota la parte interna de las mejillas y
luego se introducen en unos kits específicos de cartón
que permiten su secado.

Por último, la obtención de muestras *ante mortem* del
fallecido suele realizarse a partir de objetos personales, como cepillos de dientes, maquinillas de afeitar,
peines o ropa íntima, o a partir de material biológico

del fallecido conservado en centros sanitarios, como muestras de citologías, biopsias o muestras de sangre.

La identificación se basa en el cotejo entre las muestras recogidas de los cadáveres y los restos humanos con las obtenidas de los familiares directos u otras muestras indubitadas extraídas de objetos personales del fallecido.

9

Lesiones por accidentes de tráfico

¿Qué se entiende por accidente de circulación?

El accidente de tráfico se define como cualquier acontecimiento originado en una vía abierta a la circulación en el que esté implicado un vehículo en movimiento y como consecuencia del cual se produzcan lesiones en las personas o daños a las cosas.

¿Cuáles son las causas de los accidentes de tráfico?

Tradicionalmente, las causas se han segmentado en cinco grupos:

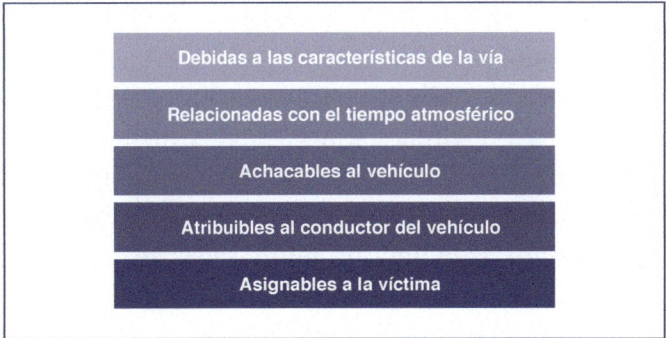

Debidas a las características de la vía

Relacionadas con el tiempo atmosférico

Achacables al vehículo

Atribuibles al conductor del vehículo

Asignables a la víctima

- Causas debidas a las características de la vía, como los defectos de la carretera, la presencia de trabajos de obra o los déficits de señalización.
- Causas relacionadas con el tiempo, entre las que se encuentran los fenómenos atmosféricos adversos, que disminuyen la visibilidad y la eficacia de los elementos de seguridad del vehículo.
- Causas achacables al vehículo implicado, tanto por su propio desgaste como por presentar averías.
- Causas atribuibles al conductor del vehículo: son los llamados *factores humanos*, los más implicados en los accidentes. Los más frecuentes son la inatención del conductor, las actitudes imprudentes, la conducción mientras se hace uso del teléfono móvil, la conducción bajo los efectos de sustancias tóxicas y el cansancio.
- Causas asignables a la víctima: se refieren a los atropellos, los cuales, en ocasiones, están desencadenados por actitudes imprudentes de los peatones.

¿Cómo se clasifican los accidentes de tráfico terrestres?

Podemos clasificarlos según la clase de vehículo implicado y según el mecanismo de producción.

¿Qué clases de vehículos originan accidentes de tráfico terrestre?

Los vehículos se dividen en dos grandes grupos: los que se desplazan a través de un trayecto fijo, como los tranvías, el metro y los trenes, y aquellos que siguen un camino no fijo, como las bicicletas, los vehículos de movilidad personal —entre los que se encuentran los patinetes eléctricos—, las motos, los automóviles, los camiones, los autobuses y los tractores.

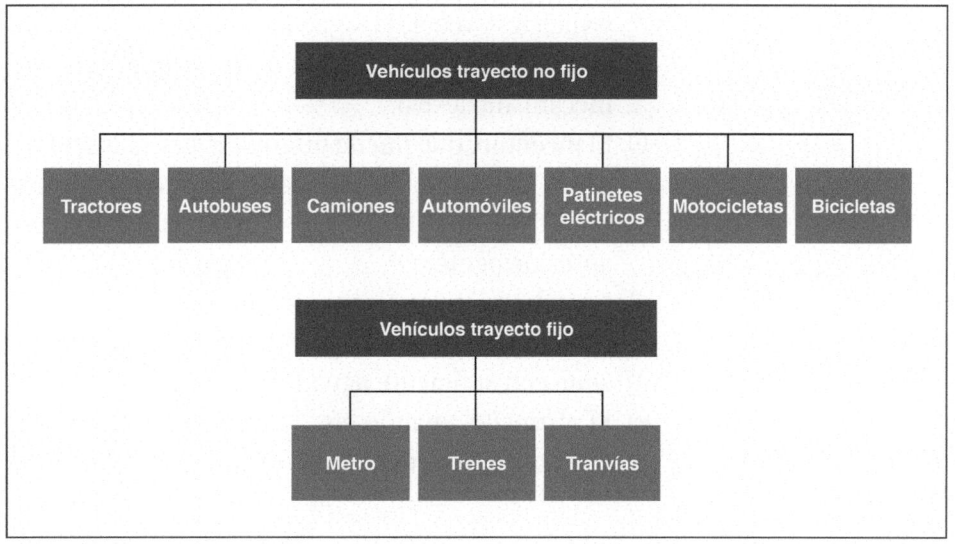

¿Qué tipos de accidentes de tráfico hay según su mecanismo de producción?

Los accidentes de tráfico pueden ser debidos a diferentes mecanismos, que en esencia se reducen a los siguientes:

a) El choque con obstáculos, que se origina al interponerse en la trayectoria otro vehículo, un individuo, un animal o un objeto.

b) La colisión con otro vehículo en movimiento, la cual puede ser frontal, que incrementa los daños debido a la fuerza viva contraria de ambos vehículos, posterior y lateral. En este tipo de colisión, es frecuente que se produzcan lesiones graves e incluso el fallecimiento, debido a que suelen estar implicadas velocidades elevadas, sobre todo en las colisiones frontales.

c) El vuelco, que puede ser en la propia vía o fuera de ella, lo que incrementa la gravedad de los daños.

d) La caída desde altura o precipitación, que origina lesiones por el mecanismo mixto de choque y vuelco. A veces, la sigue la producción de un incendio o la inmersión en agua, lo que agrava el mecanismo lesivo.

e) El incendio, que puede originarse por fallos mecánicos del vehículo, si bien suele ser consecutivo a los mecanismos de producción descritos anteriormente.

f) La inmersión, que se puede producir al salirse el vehículo de la vía de circulación y caer sobre una zona con suficiente agua.

g) El atropello, cuando las víctimas son los peatones que sufren un encuentro violento con el vehículo.

¿Cómo son los accidentes de vehículos de trayecto fijo?

Los vehículos de trayecto fijo se caracterizan por ser muy pesados, tener gran capacidad de ocupantes y estar conformados por distinto número de vagones articulados. Los accidentes en los que están implicados este tipo de vehículos suelen englobarse dentro de las grandes catástrofes o de los accidentes con múltiples víctimas. El mecanismo del accidente puede ser el descarrilamiento con vuelco posterior o el choque frontal entre dos trenes, lo que origina a los ocupantes lesiones múltiples, variadas y de elevada gravedad, como traumatismos craneoencefálicos, torácicos y abdominales, así como fracturas múltiples. En los choques frontales, es muy frecuente que se produzca el fallecimiento de los conductores.

¿Qué características tienen los accidentes en bicicleta y en vehículos de movilidad personal, entre los que se encuentran los patinetes eléctricos?

Estos vehículos suelen tener poco peso y escaso volumen y no es frecuente que alcancen grandes velocidades. Entre los accidentes a los que pueden dar lugar, se encuentran el atropello y el choque. Es común que se produzcan lesiones en zonas expuestas, como las extremidades y el rostro, y que se incrusten pequeños cuerpos extraños de la calzada, que suelen dejar secuelas cicatriciales pigmentadas. Otras lesiones posibles son las lesiones viscerales y las fracturas de miembros inferiores y de pelvis. El fallecimiento suele tener lugar por lesiones encefálicas debidas a traumatismos craneoencefálicos graves, por lo que resulta de gran importancia el casco como elemento de seguridad.

¿Cómo son los accidentes de motocicleta?

Las motocicletas son vehículos de poco peso y escaso volumen, pero alcanzan una velocidad mucho mayor que los vehículos anteriores, lo cual las vuelve más vulnerables, por lo que abundan los choques con otro vehículo o con obstáculos. Como consecuencia del impacto, es frecuente que los ocupantes de la motocicleta salgan despedidos y sufran lesiones de gravedad, como traumatismos craneoencefálicos y fracturas costales, pélvicas y de miembros superiores e inferiores, así como lesiones viscerales.

¿Qué caracteriza los accidentes de autobús?

Los autobuses son vehículos muy pesados que transportan un número variable pero limitado de ocupantes. Los accidentes de tráfico en los que esté implicado algún autobús son graves y se encuadran dentro de los sucesos con múltiples víctimas por el elevado número de personas afectadas y los numerosos traumatismos que sufren.

¿Qué es característico de los accidentes de camión?

Los camiones son vehículos muy pesados que viajan a velocidad elevada con pocos pasajeros y que van cargados de mercancías, en ocasiones peligrosas. Los mecanismos lesivos se deben a la colisión o al vuelco, e incluso al efecto de la carga cuando es peligrosa, tóxica o explosiva, lo que puede originar consecuencias catastróficas.

¿Cómo son los accidentes de tractor?

El tractor es un vehículo agrícola de baja velocidad y peso moderado diseñado para trabajar con buena estabilidad aun en condiciones difíciles de suelo y con pendientes considerables. No obstante, cuando se maneja de forma inadecuada o en labores con un desnivel excesivo o no percibido, puede sufrir un vuelco; si es completo, suele originar el aplastamiento del conductor provocado por el peso del tractor. En muchas ocasiones, en consecuencia, se produce la muerte asfíctica del ocupante del tractor por compresión toracoabdominal.

¿Qué es típico de los accidentes originados por automóviles?

Los accidentes de automóviles son los más frecuentes en las carreteras, sobre todo en las vías interurbanas, pues en las zonas urbanas comparten la siniestralidad con otro tipo de vehículos. Además, son los productores de mayor mortalidad y lesividad. Los mecanismos desencadenantes de las lesiones en este tipo de accidentes son el vuelco, el choque o una combinación de ambos.

¿Cómo son las lesiones típicas del vuelco del automóvil?

Las lesiones suelen ser de menor gravedad si los ocupantes no salen despedidos del vehículo tras el vuelco. Además, cuando esto sucede, estos pueden ser aplastados por el propio vehículo, impactar contra obstáculos o ser atropellados, lo que en muchas ocasiones ocasiona el fallecimiento.

¿Qué caracteriza los accidentes de automóvil por choque o colisión?

Como consecuencia del impacto contra el volante, es frecuente que el conductor tenga traumatismo torácico con fracturas del esternón, fracturas costales y lesiones pulmonares o cardiacas. El copiloto suele tener lesiones más graves, por impactar contra el salpicadero, y en ocasiones sale despedido del vehículo. La supervivencia de los ocupantes traseros, situados tras el conductor y el copiloto, es mayor.

¿Qué lesiones se originan por el uso del cinturón de seguridad?

Aunque, en caso de sufrir un accidente de tráfico, es extraordinariamente más seguro el uso del cinturón de seguridad, en ocasiones su utilización conlleva una serie de lesiones características, variables según el tipo. Si el punto de fijación es únicamente bajo, localizado en la pelvis o en la zona abdominal, queda sujeta la parte inferior del cuerpo, mientras que la superior queda libre, lo que permite el desplazamiento hacia delante del tronco, que puede provocar daños en la columna y golpes de la cabeza contra el cristal delantero y el salpicadero. Si el cinturón se extiende por el pecho y el hombro, el cuerpo queda más sujeto, aunque puede generar lesiones en el cuello, si queda demasiado alto, o en las vísceras abdominales, si está demasiado flojo, pues permite que la parte inferior del cuerpo se desplace hacia delante.

¿Qué lesiones se producen por el airbag?

La activación del airbag tras el choque protege al organismo de lesiones importantes, pero puede generar algunas específicas de mucha menor entidad clínica. Las lesiones derivadas del airbag son consecuencia o bien del efecto mecánico por la liberación del dispositivo y su impacto con las zonas de contacto, como la cara o el tórax, o bien de la expansión de los gases contenidos en el interior del airbag, que darán lugar a quemaduras químicas.

¿Qué se entiende por atropello?

En una definición general, el atropello es un mecanismo lesivo que acontece como consecuencia del encuentro violento entre una persona y un vehículo en movimiento o entre una persona y una cantidad importante de personas o animales, en cuyo caso se denomina *atropello por multitud*.

¿Cuáles son las fases del atropello?

Las fases del atropello habitualmente condicionan las lesiones que la víctima sufre. Estas fases se distinguen en función de si el atropello es completo, es decir, cuando cuenta con todas las etapas, o incompleto, cuando falta alguna de ellas. El completo tiene cuatro etapas: choque, caída, aplastamiento y arrastre. El incompleto presenta numerosas variedades que hacen la clasificación mucho más difícil y amplia. Algunos ejemplos específicos son de especial interés, como los casos de suicidio en que el individuo se encuentra inicialmente en tierra, en los que están ausentes las fases de choque y caída, y el atropello se inicia por las lesiones típicas del aplastamiento. Entre los atropellos incompletos, también destacan aquellos casos en los que el peatón se encuentra de pie en el momento del suceso sin que exista aplastamiento, pero sí arrastre, al quedar enganchada la víctima en algún saliente del vehículo.

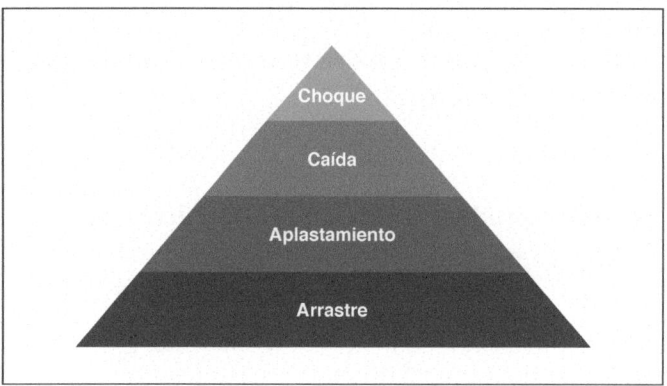

¿En qué consiste la fase de choque de un atropello?

En primer lugar, se origina el choque, caracterizado por el golpe, más o menos fuerte, del vehículo contra el peatón. Aunque este contacto suele ser único, también puede ser múltiple y, en un breve espacio de tiempo, acontecer golpes sucesivos de diversas partes del vehículo. Las lesiones que aparecen en esta fase del atropello dependen de la altura y la forma de la parte del vehículo que golpea, de la fuerza viva del vehículo y de la posición en la que se encuentre la víctima. Generalmente, se trata de contusiones y, con frecuencia, de fracturas localizadas en las extremidades inferiores o en la cadera.

¿Qué lesiones se originan en la fase de caída de un atropello?

Tras el choque, se produce la caída del peatón, que es lanzado por el vehículo y queda derribado en el suelo o sobre el propio vehículo. En la caída, se producen contusiones, fracturas y lesiones viscerales, que suelen localizarse en la zona corporal opuesta a la de las lesiones producidas en el choque. Por ello, las lesiones generadas en esta fase se sitúan mayoritariamente en la cabeza, en la parte superior del tronco y en las extremidades superiores.

¿Cómo se produce la fase de aplastamiento de un atropello?

Tras la caída, el vehículo pasa por encima del sujeto, originando su aplastamiento y lesiones graves en las zonas donde es comprimido. Son característicos los derrames serosos en la zona de paso de los neumáticos y las lesiones internas de gravedad.

¿En qué consiste la fase de arrastre de un atropello?

En muchas ocasiones, la víctima, al quedar enganchada en cualquier parte del vehículo, es arrastrada durante un cierto trayecto. Como consecuencia, se producen erosiones y escoriaciones en partes corporales salientes y descubiertas, normalmente con forma de estrías o de líneas alargadas. En ocasiones, estas lesiones presentan incrustaciones del terreno sobre el que ha tenido lugar el arrastre.

¿Cómo se investigan los accidentes por atropello?

La búsqueda de los elementos necesarios para la reconstrucción del accidente obliga al investigador al estudio de todos los datos recogidos en la víctima, en el vehículo y en el lugar del hecho.

¿En qué consiste el examen del vehículo?

El examen detallado y minucioso del vehículo sospechoso del atropello permite tanto identificarlo como conocer la forma en que se produjo el atropello. Las roturas de parabrisas o faros, las deformidades de la chapa, la presencia de restos de pintura y otras alteraciones del turismo pueden determinar el lugar del impacto e identificar un automóvil como el causante, poniéndolo en relación con las lesiones de la víctima. Además, se pueden encontrar restos orgánicos, como manchas de sangre o pelos, o restos de las vestimentas.

¿Cómo se realiza el examen de la víctima?

El examen de la víctima proporciona importantes datos sobre las causas de su muerte y la data, la posible etiología medicolegal, el mecanismo del accidente y el tipo de vehículo, especialmente importante en los casos de fuga. Comienza por la inspección de la ropa y de la superficie cutánea, en donde se pueden encontrar manchas y depósitos de materiales diversos relacionados con el vehículo, como restos de la chapa o de salientes. Las huellas de neumáticos suelen dar lugar a lesiones figuradas, que aparecen como escoriaciones anchas que reproducen el dibujo de la cubierta o banda de rodamiento del neumático. Además, la localización y la naturaleza de las lesiones proporciona información para establecer la altura de las partes salientes del vehículo. La trascendencia y gravedad de las lesiones nos indica la fuerza del impacto, el tipo de vehículo, la causa del fallecimiento y la data e incluso si ha existido un periodo de supervivencia.

¿Cuál es la etiología medicolegal del atropello?

La etiología medicolegal del atropello más frecuente es la accidental. No obstante, es un método también usado como mecanismo suicida, en cuyo caso hay hallazgos más característicos, ya que la víctima suele lanzarse sobre vehículos de gran masa y velocidad, como trenes, tranvías y camiones, que son los que producen lesiones de mayor gravedad y, por tanto, con los que existe mayor probabilidad de consumar el suicidio. Es frecuente que las lesiones predominen en un sentido perpendicular al eje del cuerpo, al colocarse el suicida sobre los raíles de vehículos de trayecto fijo. Por otro lado, el atropello también puede tener un origen homicida; en ocasiones, se realizan atropellos reiterados para garantizar el resultado buscado.

¿Qué es característico en los arrollamientos de tren?

Este tipo de lesiones pueden ser homicidas, accidentales y suicidas. Es frecuente que se produzcan amputaciones y decapitaciones en las víctimas y que los bordes lesivos presenten un aspecto ennegrecido por la suciedad y la grasa de las ruedas.

¿Qué se entiende por lesiones originadas por atropello náutico?

Desde el punto de vista medicolegal, son lesiones por atropellos náuticos aquellas que se desarrollan en los medios acuáticos a consecuencia del encuentro violento entre un individuo sumergido o semisumergido y una embarcación en movimiento.

¿Qué lesiones se originan en el atropello náutico?

De forma similar a lo que acontece en los atropellos de tráfico terrestre, en los accidentes náuticos también hay fases de choque, de deslizamiento y de arrollamiento.

¿En qué consiste la fase de choque del atropello náutico?

Las lesiones de choque se originan en el punto de contacto entre el agente lesivo y la víctima. Se distinguen dos situaciones: aquella donde la víctima percibe el peligro y, al tratar de huir de la trayectoria de la embarcación, el choque da lugar a lesiones en la región dorsal de las extremidades inferiores o en la zona lumbar, y aquella en que la víctima no se percata de la presencia de la embarcación, localizándose las lesiones en la zona posterior del cráneo y del tronco. Los tipos de lesiones producidas en esta fase son contusiones, heridas incisocontusas, fracturas generalmente abiertas y lesiones viscerales.

¿Cómo es la fase de deslizamiento del atropello náutico?

Esta fase se origina si, durante el atropello, el fondo o el costado de la embarcación se desliza por encima del cuerpo de la víctima durante suficiente tiempo y con una fuerza de dirección tangencial y en sentido opuesto al deslizamiento. Las lesiones más características son placas erosivas, erosiones lineales, heridas incisas y, en ocasiones, debido a la fricción entre ambos, quemaduras, localizadas todas ellas en los planos más superficiales del cuerpo.

¿Qué lesiones produce el arrollamiento por las hélices?

La forma y rotación de las hélices de la embarcación provocan heridas incisocontusas de grandes dimensiones, tanto en longitud como en profundidad, en la piel, los tejidos blandos, los paquetes vasculonerviosos, los huesos y los órganos internos. El arrollamiento por buques de elevado tonelaje llega a originar graves amputaciones, decapitaciones y evisceraciones de las cavidades orgánicas.

¿Cómo son las heridas incisocontusas que provoca el arrollamiento por las hélices?

El arrollamiento por las hélices origina en la piel y en los tejidos blandos subyacentes heridas incisocontusas, variables según el número de hélices, su diámetro y su velocidad de giro. Se caracterizan porque son paralelas, equidistantes y con forma de media luna. Estas lesiones están dotadas de colas en ambos extremos: la más corta es la originada en el alcance de la hélice, la cola de entrada, y la de mayor longitud, la producida al acabar la herida, la cola de salida. Esta diferencia de las colas permite averiguar el sentido de rotación de la hélice en el momento del alcance. Además de la piel, se lesionan ampliamente los tendones, los músculos y los troncos vasculares y nerviosos.

10

Maltrato infantil

¿Qué se entiende por maltrato infantil?

El maltrato infantil comprende aquellas conductas, por acción o por omisión, llevadas a cabo de forma intencionada sobre menores por sus padres o cualquiera de sus cuidadores que provoquen un daño físico o psíquico.

¿Qué tipo de lesiones pueden producirse en los menores como resultado del maltrato?

Los daños sufridos dependerán del tipo de maltrato que se ejerza y las lesiones pueden ser tanto físicas como psíquicas. En muchas ocasiones, se trata de un maltrato mixto.

¿Qué conductas realizadas de forma intencionada y reiterada pueden dar lugar a lesiones psíquicas en un menor?

Humillar al menor, ridiculizarlo, despreciarlo, infravalorarlo, insultarlo, rechazarlo o no aportarle gestos y actitudes de cariño son conductas que pueden provocar alteraciones en la esfera psíquica del menor, dando lugar al desarrollo de alteraciones psicológicas o psiquiátricas.

¿Qué actitudes o comportamientos de un menor pueden ser interpretados como indicadores de que está sufriendo algún tipo de maltrato?

Existen muchas actitudes de un menor que pueden indicar que está atravesando alguna circunstancia difícil y problemática, como una situación de maltrato. Entre ellas, que adopte actitudes de desconfianza, apatía, indiferencia o tristeza; que se muestre sobresaltado y asustado cuando quien se dirige a él y evite la mirada; que ofrezca respuestas cortas y monosilábicas, o que presente dificultades en el desarrollo escolar. Además, puede presentar alteraciones del sueño y del apetito y desarrollar conductas regresivas de enuresis[35] y encopresis.[36]

¿Cuáles son las lesiones físicas más frecuentes en los casos de maltrato infantil?

Entre las lesiones físicas más frecuentes, se encuentran las contusiones, heridas contusas, quemaduras,

---

[35] Micción involuntaria por incontinencia urinaria.
[36] Incontinencia fecal.

fracturas óseas, lesiones viscerales, lesiones óticas[37] y alopecia traumática.

¿Cómo se caracteriza el cuadro lesivo físico del maltrato al menor?

Dentro de la variedad de lesiones que un niño puede presentar por el maltrato físico, son características las lesiones múltiples de diferente naturaleza, en distinto estadio evolutivo y en diferentes áreas del cuerpo.

¿Qué tienen de característico las contusiones en el maltrato infantil?

En muchas ocasiones, se trata de contusiones figuradas, es decir, que reproducen la forma del objeto o del elemento que las ha producido. Un claro ejemplo es el de la contusión digitiforme,[38] que puede originarse al propinar una bofetada.

¿Cómo son las quemaduras en los casos de maltrato infantil?

Es frecuente que se trate de quemaduras pequeñas circulares producidas por cigarrillos y de quemaduras en las manos o en los pies bien delimitadas y definidas, aunque también puede tratarse de quemaduras figuradas producidas por objetos calientes, como planchas o radiadores.

---

[37] Relativas al oído.
[38] Con forma de dedos.

¿Dónde se localizan habitualmente las quemaduras en el maltrato infantil?

Las quemaduras suelen localizarse en las zonas cubiertas del cuerpo para evitar ser descubiertas, como el abdomen o las nalgas. En ocasiones, se localizan en las manos y en los pies y se generan al introducir estas partes corporales en líquidos muy calientes: se conocen como *quemaduras en guante* o *quemaduras en calcetín*, según si aparecen en las manos o en los pies.

¿Qué es una fractura en tallo verde?

Es un tipo de fractura ósea característica de los niños, por presentar huesos más flexibles y blandos en comparación con los sujetos adultos. Es típica de los huesos del antebrazo y de la muñeca y consiste en una fractura imparcial o incompleta, pues no se fractura todo el espesor del hueso.

¿Qué vísceras pueden resultar afectadas como consecuencia del maltrato físico?

Las lesiones viscerales producidas por golpes, puñetazos o patadas pueden afectar a unos órganos u otros dependiendo de la localización. Si afectan a la cabeza, pueden producirse lesiones encefálicas, mientras que, si afectan a la región torácica o abdominal, pueden originarse lesiones en los pulmones, el corazón, el hígado, el estómago, los riñones, el bazo o la vejiga.

¿Qué lesiones óticas son frecuentes en las agresiones físicas por maltrato infantil?

Como consecuencia de propinar una bofetada o cualquier otro golpe en la región del oído, puede producirse una rotura traumática del tímpano,[39] lo que cursa con dolor, sangrado y alteraciones de la audición hasta que se alcance su curación. Si el maltrato es crónico, se puede producir la necrosis del cartílago de la oreja, al ser retorcido de forma reiterada, dando lugar a los pabellones retraídos y deformados llamados *pabellones en coliflor*.

¿Qué es la alopecia traumática?

Es el arrancamiento violento de mechones de cabello mediante tracción. Esta alopecia se localiza en una zona concreta en la que se haya ejercido la tracción y, si es reciente, se observa una zona sangrante en el cuero cabelludo.

¿Qué es el síndrome del niño zarandeado?

Se trata del conjunto de lesiones que pueden producirse en un bebé cuando es sacudido con una gran fuerza como consecuencia de movimientos bruscos en su cabeza. Estas lesiones surgen por el movimiento de vaivén que sufre el cerebro en el interior de la cavidad craneal y los golpes que se da contra el cráneo. En la zona cerebral golpeada, pueden producirse daños cerebrales y rotura de vasos, que pueden generar hematomas subdurales[40] o hemorragias subaracnoideas.[41]

¿Qué cuadro clínico puede aparecer en el síndrome del niño zarandeado?

Las contusiones cerebrales y las hemorragias meníngeas que se pueden producir revisten una extrema

---

[39] Membrana situada entre el conducto auditivo externo y el oído medio.

[40] Los hematomas subdurales son acumulaciones de sangre por debajo de la duramadre, la meninge más externa que envuelve el cerebro y lo protege.

[41] Las hemorragias subaracnoideas son un tipo de hemorragias cerebrales en las que el contenido sanguíneo se acumula por debajo de la aracnoides, la meninge situada por debajo de la duramadre.

gravedad y pueden cursar con crisis epilépticas, convulsiones y disminución del nivel de conciencia, como estupor o coma. Además de los daños cerebrales, pueden producirse hemorragias intraoculares como consecuencia del movimiento de sacudida, lo que puede dar lugar a lesiones del nervio óptico, lesiones retinianas o ceguera. Debido a la gravedad de las lesiones, puede desencadenarse el fallecimiento del menor. De sobrevivir, es frecuente que la curación del menor sea con secuelas neurológicas, como discapacidad intelectual, motora o sensorial, como ceguera o hipoacusia.[42]

¿Cuáles son los indicadores físicos que indican que un menor ha sido víctima de agresiones sexuales en el contexto del maltrato?

Algunos indicadores son que el menor presente lesiones en la región genital y la paragenital, que posea ropa interior con desgarros o manchas de sangre, que padezca dolor en la región genital que le provoque molestias para deambular y sentarse o que sea diagnosticado de una enfermedad de transmisión sexual. En el caso de niñas púberes,[43] puede producirse un embarazo como consecuencia de la agresión.

¿Qué otros indicadores de maltrato infantil se deben tener en cuenta?

En muchas ocasiones, el diagnóstico del maltrato infantil se produce de forma fortuita al ser llevado el niño a la consulta médica. Así, un sanitario instruido sospecha la existencia de maltrato cuando los padres o

---

[42] Disminución de la capacidad auditiva.
[43] Que han alcanzado la pubertad.

tutores relatan un motivo de consulta poco claro y con contradicciones frecuentes, cuando existen accidentes múltiples no explicados o cuando el menor presenta lesiones poco habituales para su edad. En otras ocasiones, se trata de niños que no acuden a los controles pediátricos establecidos, que no están vacunados y que muestran signos de desnutrición. Es característica la mejoría de la salud del menor al separarlo del ambiente doméstico, por ejemplo, al estar ingresado en un centro sanitario, y resulta muy llamativo que el propio menor prefiera quedarse ingresado a volver a su entorno familiar.

Ante el fallecimiento de un recién nacido, ¿es posible establecer si nació fallecido o si nació con vida y falleció posteriormente?

Sí. Para ello, se recurre a las llamadas *docimasias fetales*, que son técnicas basadas en determinar si ha existido respiración pulmonar fuera del claustro materno.

¿Qué tipo de docimasias existen?

Las docimasias pueden clasificarse en:

- *Incruentas:* se basan en la detección de la presencia de aire en los pulmones y en el estómago mediante técnicas radiológicas de imagen.
- *Cruentas:* determinan si ha existido respiración tras el nacimiento mediante la inspección y el estudio de las vísceras pulmones y del estómago durante el examen interno de la autopsia.

11

Violencia de género

¿Qué se entiende por violencia de género?

La violencia de género se concibe como todo tipo de violencia ejercida sobre las mujeres por parte de los hombres que sean o haya sido sus cónyuges o con los que tengan o hayan tenido una relación afectiva, haya existido o no convivencia entre ellos.

¿Qué juzgados son los competentes en caso de delitos por violencia de género?

En España, son los juzgados de violencia sobre la mujer, creados por la Ley Orgánica 1/2004 de Medidas de Protección Integral contra la Violencia de Género, quienes ejercen las competencias tanto en el orden penal como civil en los asuntos derivados de la violencia sobre la mujer. No obstante, en aquellos partidos judiciales en los que no hay un juzgado de violencia sobre la mujer, esta materia es asumida por un juzgado de primera instancia e instrucción de ese partido judicial.

¿Qué delitos tipificados en el Código Penal castigan de forma específica los actos de violencia de género?

Los siguientes delitos: delito de lesiones, delito de amenazas, delito de maltrato físico o psíquico en el ámbito familiar, delito de injurias y vejaciones leves, delito de coacciones y delito de acoso en el ámbito familiar.

¿Es lo mismo violencia de género y violencia doméstica?

No. En la violencia de género, el sujeto pasivo de los actos de violencia es una mujer y el sujeto que lleva a cabo los actos violentos, un hombre que sea o haya sido su cónyuge o con el que tenga o haya tenido una relación afectiva aun sin existir convivencia. Por otro lado, la violencia doméstica es aquella que se produce entre familiares en el ámbito de la convivencia y puede ser provocada o sufrida por hombres y mujeres, pero queda fuera de este ámbito si la víctima y el agresor presentan el vínculo contemplado en el caso de la violencia de género.

¿Qué tipo de lesiones se pueden producir en el contexto de la violencia de género?

Las lesiones que pueden presentar las víctimas son físicas o psíquicas, dependiendo del tipo de violencia empleada, aunque con mucha frecuencia coexisten el maltrato físico y el maltrato psíquico, por lo que las víctimas presentan un cuadro lesivo mixto.

¿Cuáles son las principales lesiones físicas que pueden producirse en el ámbito del maltrato?

El principal cuadro lesivo del maltrato físico lo constituyen contusiones superficiales localizadas en la cabeza,

el cuello, el tórax y el abdomen; entre ellas, equimosis, hematomas, erosiones y escoriaciones. No obstante, además de contusiones, como consecuencia de
las agresiones físicas, pueden producirse lesiones de
muy diversa naturaleza, como quemaduras, heridas
incisas o heridas por arma de fuego, y recaer en cualquier región corporal, e incluso pueden afectar a tejidos
profundos y originar contusiones profundas y fracturas. Es frecuente que en la víctima se identifiquen
distintas lesiones de diversa naturaleza y en distinto
estadio evolutivo.

¿Cómo se caracterizan generalmente las lesiones de agarre y contención?

Típicamente, estas lesiones son contusiones figuradas
que reproducen la forma de la mano o de los dedos y se
localizan en la zona cervical, en la región bicipital o en
la región antebraquial.[44]

¿Cómo se producen las lesiones psíquicas en el maltrato?

Las lesiones psíquicas que pueden desarrollar las
víctimas se producen por el efecto psicológico que
supone el maltrato físico o por el efecto producido
por las agresiones psíquicas, entre las que se incluyen insultos, humillaciones, vejaciones, amenazas y
coacciones.

---

[44] Relativa al antebrazo, que es la región que se extiende entre el codo
y la muñeca.

¿Cuáles son las lesiones psíquicas más frecuentes que desarrollan las víctimas de maltrato?

Pueden desarrollarse lesiones agudas o lesiones crónicas. Las crónicas se originan cuando las conductas de maltrato resultan cotidianas y habituales. Los principales trastornos que originan son trastornos de ansiedad, trastornos del sueño, trastornos del estado de ánimo con episodios depresivos y trastornos por somatización.[45]

¿Qué son las unidades de valoración forense integral?

Las unidades de valoración forense integral (UVFI) son servicios públicos constituidos por distintos profesionales en los que se presta una asistencia global a las víctimas de violencia de género en el seno de un procedimiento judicial. Los diversos profesionales que forman parte de estas unidades constituyen el llamado *equipo forense*, formado por un médico forense, un psicólogo y un trabajador social. Las unidades de valoración forense integral pertenecen a los institutos de medicina legal y ciencias forenses y su creación ha permitido aportar un enfoque multidisciplinar en la asistencia a las víctimas para tratar de aumentar la calidad de la pericia. Además, estas unidades son las responsables de elaborar protocolos para aplicar en los casos de violencia de género.

¿Qué extremos deben recogerse en el informe emitido por las unidades de valoración forense integral?

La intervención de los miembros de la UVFI se realiza en respuesta al informe pericial solicitado por el

---

[45] Son trastornos caracterizados por la presencia de síntomas físicos de origen psíquico.

juzgador o el Ministerio Fiscal. Debe elaborarse un único informe que dé respuesta a lo demandado; puede requerirse tanto que se informe de un extremo médico, psicológico o social concreto como que se dé una valoración forense integral.

¿Cómo se realiza una valoración forense integral?

El primer perito del equipo forense que interviene cuando el juzgador o el Ministerio Fiscal solicitan que se realice una valoración forense integral de una víctima es el médico forense. Inicialmente, evaluará las lesiones que presente la persona explorada y, posteriormente, realizará a la víctima un cuestionario de predicción del riesgo de violencia. Con base en el resultado, se procede de una forma u otra. Si el resultado del cuestionario es negativo, el médico forense realizará el informe pericial de las lesiones físicas que presente la víctima y no intervendrá ni el psicólogo ni el trabajador social. Si, por el contrario, el resultado del cuestionario es positivo, el médico forense indicará si resulta conveniente que intervenga el psicólogo o el trabajador social para realizar sus correspondientes evaluaciones periciales psicológicas o sociales. Además, en este último caso, el médico forense deberá realizar una valoración del agresor en relación con los resultados obtenidos en el cuestionario.

¿Qué aspectos debe tener en cuenta el equipo forense a la hora de realizar una valoración forense integral?

Para la realización de una valoración forense integral por parte de los miembros del equipo forense, la respuesta multidisciplinar debe ir encaminada a evaluar los aspectos recogidos en los siguientes ejes:

- Eje I: Investigar los hechos denunciados. Para ello, se evaluarán las lesiones físicas o psíquicas que presente la víctima, así como los mecanismos lesivos empleados.
- Eje II: Evaluar el clima violento en el que convive la víctima. Se valorarán situaciones violentas previas vividas por la víctima.
- Eje III: Estimar el riesgo de posibles agresiones futuras. Se analizarán factores de riesgo que predigan la posibilidad de que se produzcan situaciones violentas en el futuro.
- Eje IV: Establecer medidas. Tras haber evaluado la existencia de situaciones violentas previas y la posibilidad de agresiones futuras, se dispone de la información necesaria para asesorar sobre las medidas más adecuadas para garantizar la mayor seguridad y protección de la víctima.
- Eje V: Valorar aspectos específicos. Este apartado está dirigido a evaluar de forma específica determinados aspectos que se desarrollen en situaciones de clima violento, como la evaluación de otros miembros de la unidad familiar agredidos o el riesgo de agresiones sexuales.
- Eje VI: Apreciar aspectos relacionados con el fallecimiento de víctimas por violencia de género. Se estudian aquellas situaciones en las que se produzca el fallecimiento de una víctima como consecuencia de una muerte homicida o de un suicidio que la víctima haya llevado a cabo por los problemas psiquiátricos derivados de una situación de maltrato.

12

Asfixias mecánicas

¿Qué es una asfixia mecánica?

Es la ausencia de entrada de aire en la vía aérea, con la consiguiente falta de oxígeno en la sangre debido a la actuación de un elemento mecánico ajeno al organismo.

¿Cómo se clasifican las asfixias mecánicas?

Según dónde se localice el elemento mecánico responsable del efecto asfíctico, se distingue entre asfixias por localización externa del agente mecánico y asfixias por localización en el interior de la vía aérea del sujeto.

¿Cuáles son las asfixias producidas por agentes mecánicos externos?

Atendiendo a la situación del agente mecánico se distinguen los siguientes tipos de asfixia:

- Ahorcadura o estrangulación: si se sitúa en la región cervical.
- Sofocación: si ocluye los orificios nasales y la cavidad bucal.
- Compresión toracoabdominal: si actúa sobre la cavidad torácica y abdominal.

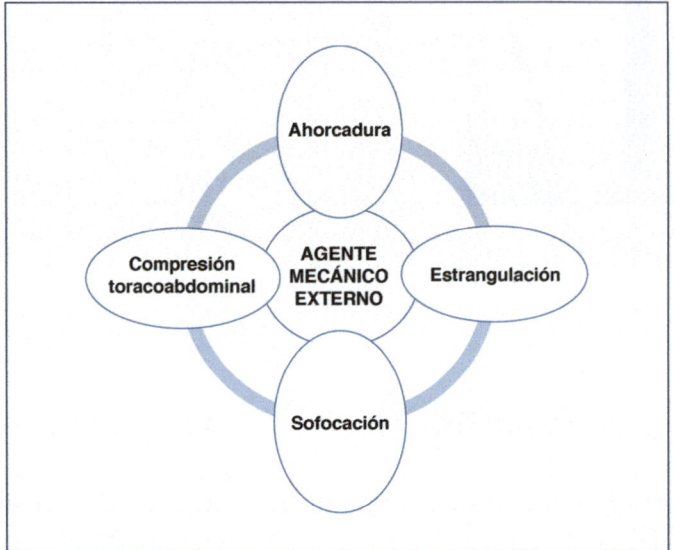

¿Cómo se clasifican las asfixias en las que el agente mecánico se sitúa en el interior de la vía aérea del sujeto?

Esta clasificación se realiza atendiendo a la consistencia del agente asfíctico que ocupe la vía aérea y existen los siguientes tipos:

- Asfixias mecánicas en las que el elemento mecánico es líquido: generalmente, el agente es el agua y la asfixia se produce por sumersión, comúnmente conocida como *ahogamiento*. Otros agentes líquidos que producen cuadros de asfixia, aunque con menos frecuencia, son el vómito, cuando existen situaciones de pérdida de conciencia, y la sangre, cuando existe alguna lesión en los vasos pulmonares.

- Asfixias mecánicas en las que el elemento mecánico es sólido: puede tratarse de atragantamiento o de sepultamiento; en este último caso, son sustancias sólidas constituidas por partículas granulares y pulverulentas las que provocan la asfixia.

Existe un tipo particular de asfixia no clasificable en los grupos anteriores: la asfixia por carencia de aire respirable, también denominada *asfixia por confinamiento*. Es decir, la atmósfera en la que se encuentra el sujeto presenta un nivel de oxígeno inferior al del aire respirable.

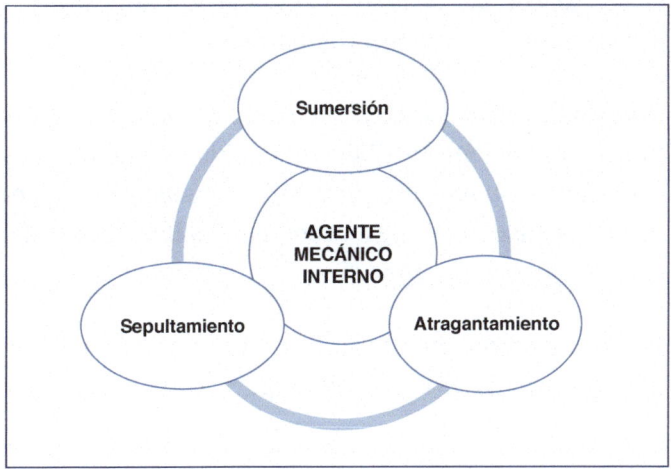

¿Qué etiología medicolegal presentan los fallecimientos por asfixias mecánicas?

Las asfixias mecánicas son siempre fallecimientos violentos que pueden presentar una etiología medicolegal suicida, homicida o accidental. Distinguir de cuál de ellas se trata exige tanto una adecuada diligencia de inspección ocular y levantamiento de cadáver para recabar todos los datos que contribuyan a esclarecer el caso como una buena autopsia judicial.

¿Cuáles son los mecanismos que pueden producir el fallecimiento en las asfixias mecánicas?

Según el tipo de asfixia mecánica, el fallecimiento puede producirse por los siguientes mecanismos:

Anoxia anóxica: existe un impedimento para la entrada de aire en la vía aérea y, en consecuencia, se produce una falta de oxígeno en la sangre y en los órganos.

Anoxia encefálica: hay un obstáculo para la llegada de sangre oxigenada al encéfalo debido a una constricción cervical que obstruye la circulación por las arterias carótidas y las venas yugulares.

Inhibición refleja: este mecanismo se debe a la estimulación del seno carotídeo,[46] situado en el cuello. La estimulación puede dar lugar a hipotensión y bradicardia,[47] e incluso puede desencadenar el fallecimiento del sujeto por parada cardiaca.

Lesión medular cervical: la constricción cervical puede dar lugar a una sección medular que produzca el deceso.

¿Se pueden encontrar signos comunes en todas las asfixias mecánicas?

Sí. Al margen de las particularidades de cada tipo de asfixia, existe una serie de elementos comunes a todas

---

[46] El seno carotídeo es una estructura nerviosa localizada junto a la arteria carótida interna. Está formado por terminaciones nerviosas que actúan como detectoras y controladoras de la presión sanguínea.
[47] Disminución de la frecuencia cardiaca.

ellas, lo que se ha denominado *cuadro asfíctico general*, que consiste en:

- La piel del cadáver presenta una coloración cianótica en la cara y el cuello, lo que se denomina *cianosis*[48] *facial* y *cervical*, respectivamente.
- Aparecen hemorragias puntiformes, las cuales se denominan *petequias*. Frecuentemente, aparecen en los ojos a nivel subconjuntival y en los párpados.
- La sangre del cadáver presenta una consistencia más fluida y una coloración más oscura. Esta coloración se debe a que la sangre tiene una menor concentración de oxígeno.
- Los órganos internos presentan una acumulación de sangre, lo que se denomina *congestión visceral*.
- Aumenta el contenido de líquido en los pulmones, lo que se conoce como *edema de pulmón*.
- Los fenómenos cadavéricos presentan diferencias en relación con el resto de las causas de fallecimiento:

  - Las livideces presentan una coloración más intensa y más oscura.
  - El enfriamiento se produce en un tiempo mayor.
  - La rigidez tarda más tiempo en aparecer y, una vez instaurada, es intensa y duradera.

¿Qué es la ahorcadura?

Es la asfixia mecánica que se produce por la constricción ejercida en el cuello mediante un lazo sujeto a

---

[48] La cianosis es la coloración azulada de la piel. Esta coloración viene dada por un aumento de la concentración de la sangre con escaso contenido en oxígeno y rica en dióxido de carbono.

un punto fijo sobre el que ejerce tracción el peso del cuerpo. Es propio de las ahorcaduras que aparezca una lesión en la región cervical, denominada *surco de ahorcadura*, y que el cadáver presente protrusión de los ojos y de la lengua.

¿Qué tipos de ahorcaduras existen?

Se atiende a tres criterios para clasificar las ahorcaduras:

- Según si existe alguna parte corporal en contacto con una superficie de apoyo, se distingue entre ahorcadura completa, si está todo el cuerpo en suspensión, y ahorcadura incompleta, si existe alguna parte del cuerpo apoyada sobre una superficie.
- Según dónde se localice el nudo del lazo sobre el cuello, puede ser una ahorcadura típica, si este se encuentra en la línea media posterior del cuello, es decir, en la línea media de la nuca, o una ahorcadura atípica, si el nudo se encuentra en cualquier posición distinta a la anterior.
- Según la distribución de las partes corporales con relación al nudo del lazo, la ahorcadura puede ser simétrica o asimétrica. En el caso de que el nudo se sitúe en la línea media anterior o posterior del cuello, será una ahorcadura simétrica; si recae en cualquier otra localización, será asimétrica.

¿Qué etiología medicolegal presentan los fallecimientos por ahorcadura?

La ahorcadura es uno de los métodos autolíticos más empleados, aunque, en algunas ocasiones, puede ser accidental, homicida e incluso de suplicio, es decir, por aplicación de una pena capital. En el caso de que se trate de una ahorcadura homicida, es necesario que entre el agresor y la víctima exista una gran desproporción de fuerzas o que la víctima presente una disminución del nivel de conciencia, con el que no oponga resistencia. En ocasiones, se intenta simular que una ahorcadura homicida es un suicidio para ocultar la intervención de terceros en el fallecimiento.

¿Qué es la estrangulación?

Es la asfixia mecánica en la que se ejerce una presión en el cuello mediante un lazo, las manos, el antebrazo o cualquier estructura rígida.

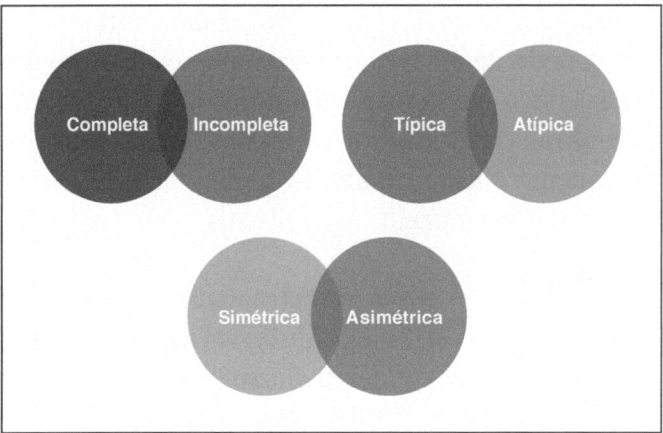

¿Qué etiología medicolegal puede presentar la estrangulación?

La estrangulación a lazo puede presentar una etiología medicolegal accidental, homicida o suicida, aunque la más frecuente es la homicida. La producida por las manos, el antebrazo o estructuras rígidas suele responder a estrangulaciones homicidas y, en algunos casos, accidentales. En el caso de que se trate de una estrangulación a lazo, se produce una lesión en el cuello que recibe el nombre de *surco de estrangulación*. Si es a mano, la fuerza aplicada suele dar lugar a la aparición de erosiones o escoriaciones lineales por la acción de las uñas y de contusiones digitiformes por la compresión ejercida por los dedos. Además, la fuerza ejercida por las manos puede provocar la rotura del hueso hioides[49] y de los cartílagos que conforman la laringe.

¿Qué diferencias existen entre un surco de ahorcadura y un surco de estrangulación a lazo?

El surco de ahorcadura se caracteriza por ser único, incompleto en su recorrido por estar interrumpido por el nudo, tener una localización más elevada en la zona cervical, en la región supratiroidea, es decir, por encima del cartílago tiroides,[50] y poseer una dirección ascendente hacia el nudo. El fondo del surco es de aspecto apergaminado.

Por otro lado, el surco de estrangulación puede ser único o múltiple, en función de las vueltas que se hayan dado al lazo alrededor del cuello, suele ser completo, su posición en la zona cervical es más baja que la del surco de ahorcadura, en la región infratiroidea, es decir, por debajo del cartílago tiroides, y su disposición suele ser horizontal.

---

[49] Hueso situado en la región anterior del cuello debajo de la lengua.

[50] El cartílago tiroides es uno de los cartílagos que constituyen el esqueleto laríngeo. Externamente, se aprecia en los sujetos varones por presentar una prominencia en el cuello llamada *nuez* o *bocado de Adán*.

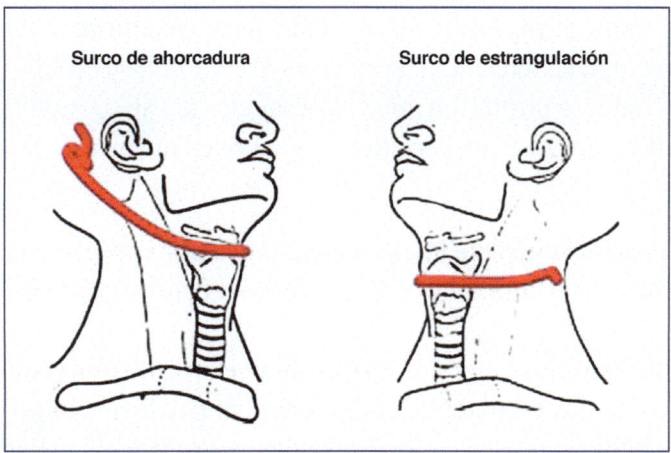

Figura 12.1. Diferencias anatómicas entre la localización típica del surco de ahorcadura y del surco de estrangulación. *Fuente:* elaboración propia.

¿Qué se entiende por sofocación y que etiología medicolegal puede tener?

Es la asfixia mecánica en la que se produce una deprivación de oxígeno por obstrucción de los orificios respiratorios. Desde el punto de vida criminológico, reviste una gran importancia porque es un método muy empleado en los fallecimientos violentos de bebés y niños pequeños. En estos casos, se trata de una sofocación homicida, para lo cual se pueden emplear las propias manos o elementos blandos, como almohadas, para ocluir los orificios respiratorios de la víctima, o introducir objetos blandos en la boca de la víctima, como un trapo. En otras ocasiones, la sofocación presenta una etiología medicolegal accidental, algo típico en casos de colecho,[51] o una etiología medicolegal suicida, cuando se colocan bolsas de plástico en la cabeza anudadas al cuello para evitar la entrada de oxígeno.

---

[51] Práctica que consiste en que los padres y un bebé o niño pequeño duerman juntos en la misma cama.

Desde el punto de vista medicolegal, puede resultar complejo determinar la sofocación como causa de fallecimiento porque en muchas ocasiones tan solo se identifican signos inespecíficos y generales de las asfixias.

¿En qué consiste la asfixia mecánica por compresión toracoabdominal y cuál es su etiología medicolegal?

En este tipo de asfixia, existe algún elemento que comprime las cavidades torácica y abdominal, lo que imposibilita que actúen los músculos respiratorios y, con ello, que se produzcan los movimientos respiratorios. En general, estas asfixias poseen una etiología medicolegal accidental, como ocurre en los atropellos por multitudes o en situaciones de colecho con niños pequeños.

¿Cómo se produce la asfixia por sepultamiento?

Se produce la entrada de un material granular o pulverulento, como arena o granos de cereales, en las vías respiratorias. Mayoritariamente, posee una etiología medicolegal accidental, aunque puede tratarse de un sepultamiento homicida si existe desproporción de fuerzas entre el agresor y la víctima o la víctima tiene un nivel bajo de conciencia. La confirmación de que el sujeto estaba vivo previamente al sepultamiento y que ha fallecido por esta causa se realiza evidenciando si hay material granular respirado en los bronquiolos terminales y en los alveolos.

¿Qué etiología medicolegal puede tener una asfixia por sumersión?

Este tipo de asfixia se produce por la entrada de líquido en la vía aérea y en los pulmones y puede ser accidental, homicida o suicida. La accidental es frecuente en verano en piscinas, playas y ríos; en la suicida pueden emplearse lastres[52] para garantizar que el cuerpo se hunda, y en la homicida es frecuente que la víctima posea nivel bajo de conciencia y que exista una desproporción de fuerzas entre víctima y agresor.

¿Cómo se distingue si un sujeto ha fallecido por sumersión o si ha sido por otra causa y, una vez fallecido, han arrojado su cadáver a un medio acuoso, como el mar o un río?

Existen varios hallazgos que indican que un sujeto ha fallecido por sumersión, entre los que destacan:

- En el examen externo del cadáver, se aprecia el llamado *hongo de espuma*. Se trata de la aparición en los orificios respiratorios externos de un contenido espumoso formado por líquido y contenido mucoso y aéreo procedente de las vías respiratorias.
- En el examen interno, se evidencia gran cantidad de líquido en los pulmones, es decir, edema pulmonar con fóvea.[53] En la superficie pulmonar, aparecen unas manchas rosadas, claras y grandes, que reciben el nombre de *manchas de Paltauf*.
- Aparecen los signos generales de asfixia ya descritos anteriormente, pero de una forma más leve y atenuada en comparación con otras asfixias mecánicas.
- La introducción de agua en el organismo hace que el contenido acuoso pase también a la sangre, produciendo su dilución, denominada *hidremia*. Se

---

[52] Elementos pesados para aumentar la carga del cuerpo al hundirse.
[53] Zona deprimida que se forma en el pulmón al ejercer presión con los dedos sobre él.

pueden llegar a encontrar microorganismos presenten en el agua, como diatomeas.[54]

- Si la apertura de la luz del duodeno[55] revela la presencia de contenido acuoso en su interior, el sujeto ha fallecido por sumersión, cualquiera que sea la cantidad de agua hallada en su interior. El hallazgo de contenido líquido en el estómago también es indicativo del fallecimiento por sumersión, pero solo en el caso de que se sobrepase quinientos mililitros.

¿Qué signos aparecen en un cadáver como consecuencia de haber permanecido en un medio acuoso?

Las particularidades que presenta un cadáver al haber permanecido en el agua son:

- La piel de las manos y los pies presenta un aspecto rugoso como consecuencia del proceso de maceración cutánea que tiene lugar. Este aspecto de las manos, por similitud, hace que se denominen *manos de lavandera*. Si el tiempo de permanencia del cadáver en el agua es elevado, el proceso de maceración puede dar lugar a la separación de fragmentos de piel de las manos y de los pies.
- La llamada *mancha verde*, que se produce por los fenómenos putrefactivos, tiene una localización atípica por formarse en la región del cuello. Esto se debe a que el agua que el sujeto deglute y que permanece en la vía aérea contiene bacterias, que son las responsables del proceso de putrefacción.

---

[54] Algas unicelulares presentes en medios acuáticos.
[55] Primera porción del intestino delgado que se sitúa entre el estómago y el yeyuno.

- Presenta una mayor frialdad, acorde a la temperatura del agua en que se encuentre sumergido.
- La rigidez cadavérica que se instaura tras el fallecimiento afecta a los músculos erectores del pelo, también llamados *músculos piloerectores*. Como consecuencia de ello, se genera la llamada *cutis anserina*, que consiste en un aspecto granular de la piel similar al que en sujetos vivos denominamos *piel de gallina*.

13

Estudio medicolegal de la muerte

¿Qué es la muerte?

La muerte puede definirse como el cese o término de la vida, es decir, la ausencia de vida. En el campo de la medicina legal, se distinguen diversas concepciones de muerte, entre las que se encuentran las siguientes: una primera de carácter jurídico, según la cual el fallecimiento supone la pérdida de la personalidad jurídica; otra exclusivamente médica, para la que la muerte supone el cese irreversible de las funciones vitales: la función cardiaca, la respiratoria y la neurológica, y una última de carácter mixto médico-jurídico, que supone la unión de las anteriores, ya que permite declarar la muerte de una persona aun cuando no todas las funciones vitales se hayan extinguido.

¿Cuándo se declara legalmente la muerte?

Para declarar legalmente el fallecimiento de un sujeto, es necesario confirmar la muerte real mediante el diagnóstico médico de muerte cierta, el cual se recoge en la correspondiente certificación médica. Una vez que se ha certificado, el fallecimiento se inscribe en el registro civil, reflejándose la fecha, la hora y el lugar en el que se ha producido. La inscripción del fallecimiento en el registro civil se hace mediante la declaración de las personas que tengan constancia del fallecimiento, normalmente los familiares. En los supuestos de muerte violenta o sospechosa de criminalidad, se deberá comunicar a la autoridad judicial competente para la realización de la autopsia judicial previa a su inscripción legal.

¿Qué problemas puede plantear la muerte en medicina legal?

Desde el punto de vista medicolegal, pueden plantearse diversas cuestiones de interés relacionadas con la muerte, entre las que se encuentran:

a) Confirmar la certeza de la muerte.
b) Determinar la identidad del fallecido.
c) Establecer la data del óbito, es decir, cuándo ocurrió el fallecimiento.
d) Comprobar la celeridad con que ha tenido lugar el óbito.
e) Conocer la causa del fallecimiento.
f) Establecer el mecanismo que ha dado lugar al *exitus*.
g) Investigar si existen vestigios ajenos al cadáver.

¿Cómo es el proceso de la muerte?

El cese de las funciones vitales puede producirse de forma inmediata o de forma gradual, lo que permite distinguir entre una muerte rápida, en la que la transición entre la vida y la muerte se produce de forma prácticamente instantánea, y una muerte lenta, en la que el paso de la vida a la muerte se prolonga durante un periodo de tiempo siguiendo un proceso agónico.

¿Qué es la agonía?

Es el periodo previo al fallecimiento que tiene lugar en aquellos procesos morbosos en los que se produce un cese gradual de las funciones vitales. Puede manifestarse mediante alteraciones neurológicas, cardiacas o respiratorias. Como síntomas neurológicos, pueden desarrollarse delirios y un estado comatoso; como síntomas cardiacos, pueden presentarse alteraciones del ritmo en forma de taquicardia o bradicardia, y, como síntomas respiratorios, pueden aparecer ruidos respiratorios llamados *estertores de la muerte*, que se producen por el acúmulo de saliva y secreciones en la vía aérea.

¿Es la muerte un momento o un proceso?

El fallecimiento de una persona no es un hecho puntual y concreto, sino el conjunto de la destrucción progresiva de los elementos celulares que constituyen el cuerpo humano. Es decir, no todas las células del organismo cesan su actividad vital de forma simultánea, sino que este cese es progresivo, lo que permite distinguir una serie de fases en el proceso global del tránsito de la vida a la muerte.

¿Cuáles son las etapas de la muerte?

La muerte se traduce en el cese del equilibrio biológico, físico y químico que le permite al ser vivo mantener unos valores orgánicos constantes. La extinción de las funciones de las células se produce de forma continuada y superponiéndose unas a otras, aunque, desde un punto de vista teórico, se distinguen las siguientes fases hasta la abolición completa de la vida:

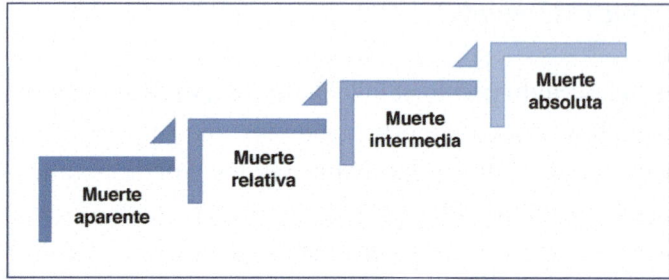

a) Estado de muerte aparente: las funciones vitales se encuentran muy atenuadas y son casi imperceptibles.
b) Estado de muerte relativa: existe un cese de las funciones vitales, que pueden recuperarse con maniobras de reanimación cardiopulmonar.
c) Estado de muerte intermedia: se produce la extinción progresiva de las funciones celulares y no es posible la recuperación de la vida mediante maniobras de reanimación cardiopulmonar.
d) Muerte absoluta: corresponde a la fase final, en la que desaparece toda actividad celular del organismo.

¿Qué tipos de muerte existen en la esfera medicolegal?

Dentro del campo de la medicina legal, se distinguen diversos tipos de muerte en lo referente a su origen: muerte natural, muerte violenta y muerte sospechosa de criminalidad.

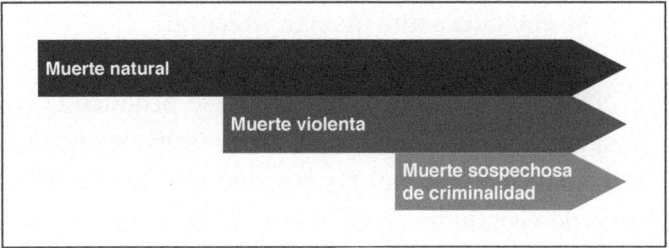

¿Qué se entiende por muerte natural?

Es aquel fallecimiento que se produce como consecuencia de enfermedades o de alteraciones patológicas en cuyo desarrollo no ha intervenido ningún factor externo al organismo. La muerte producida por infecciones es la excepción a esta definición, pues se considera de origen natural, a pesar de ser producida por microorganismos ajenos al organismo. Una muerte producida por una infección tan solo podría ser considerada no natural en los supuestos en que la infección sea originada intencionadamente por un tercero o cuando sea consecuencia directa de otro mecanismo violento de diferente origen.

¿Qué es una muerte sospechosa de criminalidad?

Es aquel fallecimiento que se produce de forma súbita e inesperada en un sujeto que no presenta ninguna enfermedad conocida o que presenta algún padecimiento acreditado, pero no era esperable ese desenlace. La ausencia de datos médicos que justifiquen el fallecimiento y la rapidez de su acontecer la dotan de tintes sospechosos. Es por ello por lo que, en cumplimiento de la legislación vigente, en este tipo de fallecimiento se realiza una autopsia judicial con el objetivo de esclarecer la causa y las circunstancias.

¿Qué se considera una muerte violenta?

La muerte violenta es aquella que se produce como consecuencia de la actuación de agentes externos al organismo, de naturaleza traumática o tóxica. Desde el punto de vista judicial, es la que revisten mayor interés y es objeto de realización de la autopsia medicolegal para determinar la causa del fallecimiento y cuantas circunstancias resulten de interés para el juzgador.

¿Cómo son las muertes violentas?

Los fallecimientos violentos pueden dividirse atendiendo a su etiología medicolegal. Con base en este criterio, se distinguen tres tipos:

Accidental — Suicida — Homicida

a) Muerte accidental: es aquella muerte violenta que se produce por la intervención de factores fortuitos.
b) Muerte suicida: es el fallecimiento violento ocasionado por la intervención voluntaria del propio sujeto, que puede emplear numerosos medios para alcanzar el fin autolítico.
c) Muerte homicida: es la muerte violenta desencadenada por la intervención de terceras personas.

¿Cuáles son los signos inequívocos de muerte que permiten diagnosticar el fallecimiento?

Los métodos utilizados para demostrar que se ha producido el fallecimiento de un sujeto van encaminados tanto a comprobar la existencia de signos que expresan el cese de las funciones vitales como a evidenciar el establecimiento de los fenómenos cadavéricos. Confirmar un diagnóstico de muerte de forma precoz es de gran importancia para determinar cuándo suspender las maniobras de reanimación cardiopulmonar o cuándo proceder a la extracción de órganos para trasplantes. Además, desde el punto de vista legal, es necesario establecer el diagnóstico del fallecimiento y la hora en que ha tenido lugar, pues en la legislación vigente queda recogida la prohibición de inhumar un cadáver hasta que no hayan transcurrido veinticuatro horas desde su fallecimiento.

¿Qué signos indican el cese de las funciones vitales?

A lo largo de la historia, se han usado múltiples métodos para demostrar que una persona ha fallecido, desde los rudimentarios e inexactos de la antigüedad hasta los más fiables de hoy en día. En la actualidad, se necesitan métodos que permitan un diagnóstico cierto de la muerte con signos mucho más precoces; por ello, se considera que los criterios más científicos y rápidos que sirven de base para el diagnóstico de la muerte son el cese de la función encefálica, conocida como *muerte cerebral* o *encefálica*, y la parada cardiorrespiratoria, conocida como *muerte en asistolia* o *a corazón parado*.

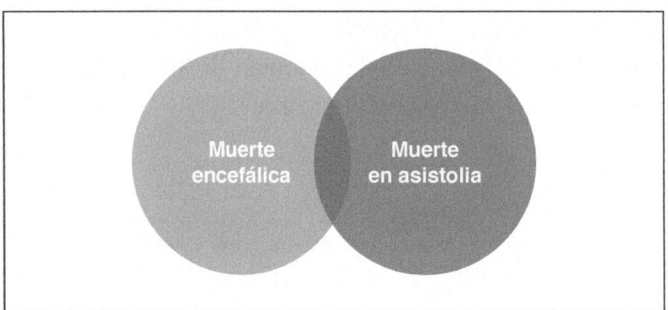

¿Qué es la muerte cerebral o encefálica?

Para establecer que un sujeto se encuentra en muerte cerebral, debe constatarse que, tras seis horas del inicio del coma, coexisten durante treinta minutos los siguientes signos:

1) Ausencia de respuesta cerebral, inconsciencia.
2) Ausencia de respiración espontánea.
3) Ausencia de reflejos encefálicos, evidenciados mediante midriasis[56] y ausencia de reactividad pupilar[57].
4) El trazado eléctrico descrito en el electroencefalograma es plano, lo que indica que no existe actividad eléctrica cerebral.

Los citados signos no serán suficientes ante situaciones de hipotermia inducida artificialmente o de administración de sustancias depresoras del sistema nervioso central.

¿Qué es la muerte por parada cardiorrespiratoria, en asistolia o a corazón parado?

Es el fallecimiento en el que se constata la ausencia de latido cardiaco y de respiración espontánea durante al menos cinco minutos después de haber realizado maniobras de reanimación cardiopulmonar (RCP) avanzadas. La ausencia de latido cardiaco puede hacerse comprobando la ausencia de pulso central o mediante un electrocardiograma.

---

[56] Dilatación de las pupilas.

[57] La reactividad pupilar es la respuesta al reflejo fotomotor, que consiste en la contracción de la pupila cuando se le aplica un estímulo luminoso directamente.

¿Qué signos se han utilizado históricamente para establecer la data del fallecimiento?

Clásicamente, se ha estudiado la evolución de los fenómenos cadavéricos y determinados hallazgos encontrados en el lugar del levantamiento del cadáver que indican el tiempo que el sujeto lleva fallecido, como documentos datados, calendarios o relojes. Con una base más científica, se han estudiado signos de vida residual, como la movilidad de los espermatozoides, que puede persistir hasta unas treinta y seis horas *post mortem*, o la reacción pupilar a la luz, que permanece hasta unas cuatro horas. También se han comprobado otros signos que expresan el cese de las funciones vitales por cuanto no sufren variaciones después de la muerte, como el contenido gástrico: valorar si el estómago está vacío o repleto de contenido alimenticio nos permite saber si el fallecimiento fue previo a alguna comida principal o posterior.

¿Cuáles son los signos del establecimiento de los fenómenos cadavéricos?

Estos signos son los derivados de la instauración de los fenómenos cadavéricos, que pueden ser abióticos o bióticos. Los fenómenos cadavéricos abióticos se producen por la influencia de las condiciones ambientales sobre el cuerpo inerte: enfriamiento, deshidratación y lividices. Los fenómenos bióticos son aquellos derivados de la actividad enzimática y bacteriana del cadáver: rigidez, autolisis y putrefacción.

14

Fenómenos cadavéricos y procesos conservadores del cadáver

¿Qué son los fenómenos cadavéricos?

Son las modificaciones que se originan en el cadáver una vez que se extingue la vida. Estos fenómenos son producidos por mecanismos físicos o ambientales, al convertirse el cadáver en un cuerpo inerte, o bioquímicos, derivados de la actividad propia del cadáver.

¿Cuáles son los signos debidos al establecimiento de los fenómenos cadavéricos?

Los fenómenos cadavéricos dependen de si el cadáver es reciente o antiguo. En el cadáver reciente, aparecen distintos signos, según deriven de fenómenos abióticos, que son los que se producen al convertirse el cadáver en un cuerpo inerte, o de bióticos, que son los derivados de la actividad propia del cadáver:

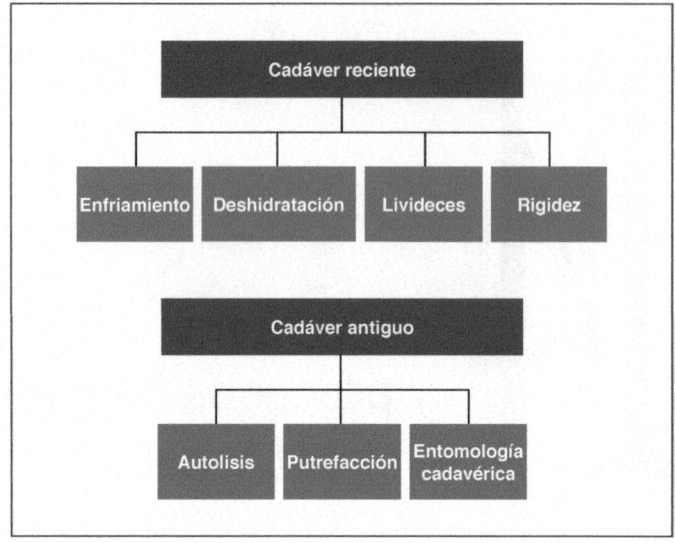

¿Cómo evoluciona el enfriamiento del cadáver?

Se produce por métodos físicos de forma gradual hasta alcanzar el cuerpo la temperatura ambiente. Inicialmente, no se produce un descenso de la temperatura corporal, sino que se mantiene, e incluso puede aumentar en algunos casos, como en las muertes por infecciones.

Al principio, el enfriamiento es más evidente en las partes distales y descubiertas del cadáver; de media, aparecen en las manos y los pies dentro de las dos primeras horas después del fallecimiento. De ahí, se extiende hacia el resto de las extremidades, el pecho y la espalda hasta llegar a instaurarse en el abdomen, las axilas y el cuello.

Se considera que el enfriamiento será completo y generalizado al tacto en todo el cadáver entre ocho y diecisiete horas después del fallecimiento, y objetivado mediante la toma de temperatura con termómetro a las veinticuatro horas *post mortem*.

¿El descenso de la temperatura en el cadáver se produce de forma lineal?

El enfriamiento no se produce de forma lineal, sino siguiendo una curva de dispersión térmica, en la que se distinguen tres periodos:

- El primer periodo abarca las primeras horas tras el fallecimiento, momento en que se produce una disminución de 0,5 grados centígrados cada hora.
- El segundo se extiende entre las seis y las diez horas *post mortem*, cuando la disminución de la temperatura es de aproximadamente un grado centígrado cada hora.
- En el tercer periodo, se produce una pérdida progresiva de un tercio, un medio o un cuarto de grado por hora hasta que se iguala la temperatura del cadáver con la ambiental.

¿El enfriamiento se produce siempre de la misma forma en todos los cadáveres?

No, puesto que el enfriamiento cadavérico se ve modificado frecuentemente por numerosos factores, entre los que destacan:

- La causa de la muerte: cuando el fallecimiento se debe a hemorragias, el enfriamiento evoluciona muy rápido, mientras que, cuando se debe a infecciones, evoluciona más lento de lo habitual.
- Factores individuales: aspectos como el peso del cadáver y la constitución influyen en la evolución del enfriamiento; su instauración es más rápida cuanto menor sea el peso y la constitución.

Factores ambientales: la temperatura, el grado de humedad y la presencia o ausencia de ventilación condicionan la velocidad a la que se produce el enfriamiento.

¿Cómo se manifiesta la deshidratación?

Teóricamente, la deshidratación del cadáver puede manifestarse tanto en todo el cuerpo como localmente. A nivel general, puede evidenciarse como una pérdida general de peso. Sin embargo, esto es muy poco orientativo, puesto que requiere conocer exactamente el peso previo del sujeto y, además, es un fenómeno muy dependiente de influencias ambientales. Puede tener cierta validez en los recién nacidos, cuya medida de peso es más estricta y su proporción de agua corporal es mayor.

Desde el punto de vista medicolegal, sí reviste mayor importancia la deshidratación que se pone de manifiesto localmente en los ojos, las zonas de piel muy fina y las mucosas.

**¿Cómo son las manifestaciones locales
de la deshidratación?**

a) En el ojo, afecta a la córnea, la esclerótica y el globo ocular:

- En la córnea, se produce una pérdida de transparencia. Se ha calculado que, de permanecer los ojos abiertos en el cadáver, se produce en una media de cuarenta y cinco minutos. Por el contrario, si estos permanecen cerrados, el tiempo de pérdida de transparencia corneal se prolonga hasta veinticuatro horas tras el fallecimiento.

- En la esclerótica,[58] se forma la mancha negra esclerótica, también llamada *mancha de Sommer-Larcher*. Esto se produce como consecuencia del adelgazamiento de la esclerótica por la deshidratación, lo que permite que se perciba el pigmento subyacente de la coroides.[59] Aparece en ambos extremos de los ojos y se va extendiendo hacia el centro, donde en ocasiones confluye.
- En el globo ocular, se produce la evaporación de los líquidos que lo componen, lo que se traduce en un hundimiento de este.

b) En zonas de piel muy fina, se produce un fenómeno de apergaminamiento cutáneo: la piel adquiere un aspecto duro, seco y amarillento.

c) En las mucosas, tiene lugar un fenómeno de desecación, como ocurre en los labios, donde en consecuencia aparece un ribete oscuro en la región más externa. Este fenómeno es muy evidente en el caso de recién nacidos.

¿Qué se entiende por lividecese hipostasis del cadáver?

Las lividecese corporales se producen como un fenómeno físico por acción de la gravedad, que da lugar al depósito de la sangre en los vasos sanguíneos de las partes más declives del cuerpo y produce una tonalidad oscura por el color sanguíneo. Según su distribución, se podrá conocer la posición en que ha permanecido el cadáver. Si el depósito se hace en las zonas declives de las vísceras, se trata de hipostasis.

---

[58] Capa más externa del ojo que se caracteriza por ser de color blanco y resistente.

[59] Capa del ojo situada por debajo de la esclerótica que se caracteriza por ser oscura y por estar formada por vasos sanguíneos.

¿Cómo evolucionan las lividaces?

En un cadáver depositado en decúbito supino,[60] habitualmente, se inician en la región posterior del cuello de forma aislada entre los veinte y los cuarenta y cinco minutos *post mortem* y confluyen sobre las dos horas. En el resto de la superficie de apoyo del cadáver, comienzan después de entre tres y cinco horas. Poco a poco, pasadas entre diez y doce horas, van ocupando todo el plano inferior en forma de placas aisladas que van confluyendo progresivamente, excepto en las zonas de presión, que se quedan blanquecinas.

¿Qué es el fenómeno de la trasposición de las lividaces?

Desde el primer periodo de formación de las lividaces hasta las primeras doce horas *post mortem*, cuando aún no están fijadas, puede producirse el desplazamiento de estas si se moviliza el cadáver, lo que se conoce como trasposición de las lividaces. En este caso, no aparecerán lividaces relativas a la posición inicial del cadáver, sino a la posición en que se haya dejado el cadáver durante las doce primeras horas tras el fallecimiento.

¿Qué son las lividaces paradójicas?

Son aquellas lividaces que aparecen en el cadáver en lugares distintos a las zonas declives, que pueden tener diferentes orígenes y significados. Este tipo de lividaces se forman frecuentemente en la cara y la región anterior

---

[60] Posición en la que el cuerpo está tumbado sobre la espalda, es decir, la región posterior del cuerpo es la que está en contacto con la superficie de apoyo.

del cuello y del tórax en los que el fallecimiento se ha producido por un mecanismo asfíctico y se encuentran en decúbito supino.

¿Qué es la fijación de las livideces?

Entre las diez o doce horas tras el fallecimiento, las livideces se van convirtiendo en definitivas, iniciándose el proceso de fijación, que es máximo unas veinticuatro horas *post mortem*. Entre el inicio y el final del periodo de fijación, es decir, aproximadamente entre las doce y las veinticuatro horas tras el fallecimiento, las livideces cada vez palidecen menos a la presión. Al final del proceso de fijación, las livideces no desaparecen ni se modifican, aunque se mueva el cadáver.

¿Qué es la rigidez o *rigor mortis*?

El *rigor mortis* consiste en un estado de retracción que acontece en los músculos después de la muerte como consecuencia de la liberación de la energía contenida en las células al morir estas y romperse las membranas celulares. Esta contractura muscular se establece tras un breve periodo de tiempo de relajación muscular que acontece inmediatamente después del fallecimiento. Afecta a toda la musculatura, tanto a la estriada como a la lisa.

¿Cómo progresa la rigidez?

Se inicia entre tres y seis horas tras la muerte y, al inicio, afecta a los músculos de la mandíbula y de alrededor de los ojos, denominados *músculos orbiculares*. De ahí se extiende al resto de los músculos de la cara, el cuello y las extremidades hasta estar presente en toda la musculatura, entre las ocho y las doce horas posteriores al *exitus*. Su intensidad es máxima a las veinticuatro horas y continúa con la fase de declive o desaparición entre las treinta y seis y las cuarenta y ocho horas *post mortem*.

Según su evolución, se diferencian tres fases:

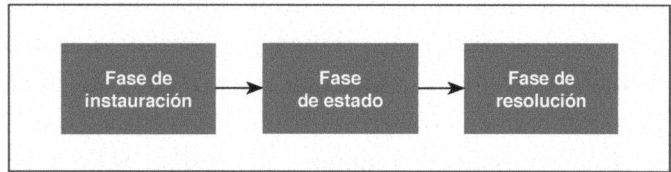

Fase de instauración: es el periodo que abarca desde que la rigidez se inicia hasta que alcanza la mayor intensidad, a las veinticuatro horas *post mortem*. La rigidez puede vencerse al mover las articulaciones, aunque después vuelve a instaurarse la rigidez.

Fase de estado: es el periodo en el que la rigidez es prácticamente invencible y las articulaciones llegan incluso a romperse al intentar vencer la rigidez muscular. Aproximadamente, se extiende entre veinticuatro y treinta y seis horas después del fallecimiento.

Fase de resolución: a partir de las treinta y seis horas, al vencer la resistencia, el músculo ya no recupera la rigidez y queda flácido. La rigidez desaparece cuarenta y ocho horas *post mortem*.

¿Qué es el espasmo cadavérico?

Es una contracción muscular intensa e inmediata tras el fallecimiento que se puede producir en casos de muerte muy brusca y con gran tensión corporal. El espasmo puede ser generalizado o localizado. El generalizado consiste en el mantenimiento de la posición que presenta el cuerpo justo en el momento del fallecimiento y, en algunos casos, se ha identificado en caso de fulguración o de muerte de soldados en el campo de batalla. El espasmo localizado se basa en la contracción intensa e inmediata de determinados grupos musculares aislados, como sucede en caso de suicidio por arma de fuego, caso en que el arma queda empuñada con fuerza en la mano del difunto, por producirse una gran contracción muscular inmediatamente después del disparo.

¿Qué es la autolisis?

Es el proceso de degradación de la materia orgánica cadavérica mediado por la acción de las enzimas[61] celulares. Se inicia antes que la putrefacción. Las enzimas son proteínas localizadas en unos compartimentos celulares llamados *lisosomas*. Cuando se produce el fallecimiento, las membranas de los lisosomas se deterioran y, en consecuencia, salen al exterior las enzimas que contenían. Tras ello, estas enzimas llevan a cabo el proceso de autolisis de las células, es decir, su propia destrucción. Este fenómeno autolítico afecta fundamentalmente a los glóbulos rojos y a las células del páncreas, del encéfalo, de las glándulas suprarrenales,[62] del esófago y del estómago.

---

[61] Las enzimas son proteínas que intervienen en distintas reacciones bioquímicas del organismo.

[62] Las glándulas suprarrenales son dos glándulas pequeñas situadas encima de los riñones. Tienen una función muy importante: son responsables de producir cortisol, aldosterona, adrenalina (también llamada *epinefrina*) y noradrenalina (también conocida como *norepinefrina*).

¿Qué se entiende por putrefacción del cadáver?

La putrefacción es un proceso de descomposición de la materia orgánica mediado por la acción bacteriana. La destrucción de la materia orgánica se desarrolla a lo largo del tiempo y, al final del proceso, del cadáver tan solo se conservan los elementos de naturaleza ósea, las piezas dentales, las uñas y el pelo.

¿Cuáles son las fases de la putrefacción?

La putrefacción cadavérica se desarrolla en varias fases:

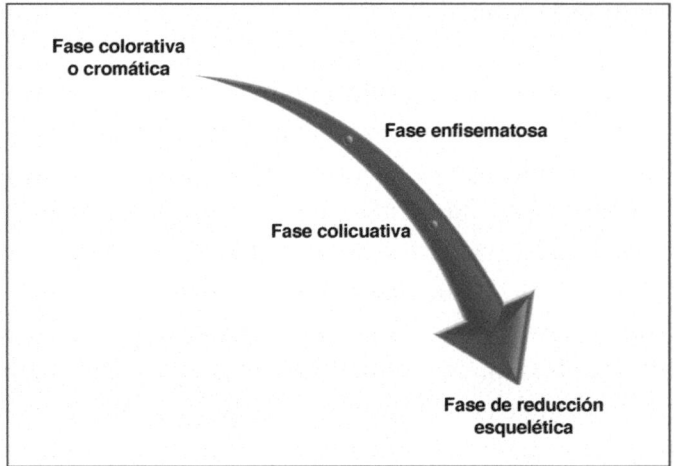

1) Fase colorativa o cromática: se inicia generalmente en la fosa iliaca derecha con la aparición de la llamada *mancha verde*. De ahí se va extendiendo al resto del cuerpo y, progresivamente, va adquiriendo una tonalidad negruzca. Se inicia a las veinticuatro horas y dura varios días.
2) Fase enfisematosa: se produce una gran cantidad de gases que se acumulan en el cadáver y dan lugar a una desfiguración y a un aumento del volumen de

la cara, el tórax, el abdomen e incluso los genitales masculinos. Dura varios días, a veces hasta quince. En esta fase, es característico que se observe la red venosa superficial en la piel del cadáver.

3) Fase colicuativa: se manifiesta porque la epidermis se desprende de la dermis y se forman ampollas con un contenido líquido parduzco. Los gases formados en la etapa anterior se desprenden y disminuye el tamaño del cadáver. Las vísceras presentan una consistencia blanda y mantienen su individualidad.

4) Fase de reducción esquelética: suele abarcar de dos a tres años, e incluso cinco. Inicialmente, las partes blandas constituyen una masa amorfa e irregular llamada *putrílago* y luego desaparecen. Los elementos fibrosos, ligamentosos y cartilaginosos permanecen más tiempo, lo que mantiene el esqueleto unido. Su desaparición da lugar a que lo que permanezcan sean los huesos, momento en el que la fase de reducción esquelética se habrá completado.

¿Qué factores influyen en el proceso de putrefacción?

La evolución de los fenómenos destructores del cuerpo se ve influenciada por múltiples factores, tanto provenientes del propio sujeto como del ambiente. Los factores individuales más relevantes dependen tanto de la constitución del sujeto, pues el sobrepeso la acelera, como de circunstancias patológicas, de las cuales la más rápida es la putrefacción cuando la causa del fallecimiento ha sido una enfermedad infecciosa o una hemorragia. Los factores ambientales principales que modifican la evolución de la putrefacción son la temperatura, la humedad y la aireación.

¿Qué es la entomología cadavérica?

Suele entenderse que es toda agrupación de insectos que contribuyen a la destrucción del cadáver, que se conocen con el nombre de *cuadrilla de obreros de la muerte*. Estos insectos van apareciendo progresivamente, no todos de forma simultánea, lo que reviste gran importancia para establecer la data del fallecimiento de un cadáver. Los insectos que generalmente intervienen en la descomposición cadavérica son dípteros, coleópteros y microlepidópteros.

¿Existen métodos para evitar la putrefacción del cadáver?

Aunque, una vez que deja de tener vida, el proceso natural que sigue la materia orgánica es la degradación, en ocasiones, de una forma natural o de una forma artificial, se producen fenómenos conservadores que impiden o detienen la destrucción del cadáver o de algunas partes de él.

Se distinguen cuatro procesos principales de conservación:

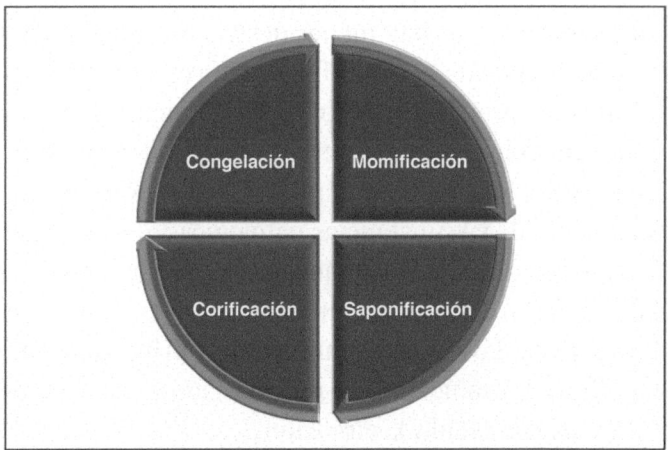

¿En qué consiste la momificación?

Es un proceso conservador del cadáver por el que se origina una desecación orgánica que impide el desarrollo de las bacterias, manteniendo el cadáver sin degradarse. Esto se debe a determinadas situaciones ambientales: altas temperaturas, muy baja humedad y suficiente aireación, y a determinadas circunstancias personales: delgadez y deshidratación.

¿Cómo se produce la momificación?

La momificación puede ser natural, desencadenada por las circunstancias ambientales y personales, o artificial, por embalsamamiento. Este último consiste en la inyección de sustancias químicas que desecan rápidamente los tejidos. La momificación natural puede darse en todo el cadáver o únicamente en algunas partes, que serán las zonas descubiertas.

¿El cadáver momificado es inalterable?

En ocasiones, se encuentran cadáveres momificados de una data muy antigua, incluso de varios miles de años, pero lo habitual es que con el paso del tiempo los cadáveres momificados sean cada vez más frágiles y estén sometidos a factores externos que los vayan deteriorando hasta hacerlos desaparecer.

¿Cómo es un cadáver momificado?

Es el cadáver de un sujeto fallecido hace tiempo que presenta pérdida de peso y un aspecto acartonado. Además, tiene las características externas casi inalteradas, lo que posibilita la identificación, y conserva los órganos internos, lo que permite detectar posibles lesiones.

¿Qué es la saponificación?

Es un proceso conservador del cadáver cuyo término deriva del vocablo francés *savon*, que significa 'jabón'. Esto es debido a que en este proceso se forma una capa cutánea untuosa similar al jabón, denominada *adipocira*. Esta capa se origina por una transformación del componente adiposo subcutáneo que impide el crecimiento bacteriano.

¿Cómo se produce la saponificación?

Cuando el cadáver permanece en lugares de alta humedad, como en agua estancada, y posee una alta proporción de grasa, tiene lugar la formación de la adipocira. Este proceso de saponificación puede desarrollarse en todo el cadáver o solo en una parte.

¿Cómo es un cadáver saponificado?

Es un cuerpo que permanece conservado, pero cuya epidermis ha desaparecido, por lo que no presenta huellas dactilares y su superficie tiene un aspecto grasoso, blando y blanco, si es adipocira reciente por no haber transcurrido más de un año, o un aspecto duro, seco y amarillento, si ha transcurrido un periodo de tiempo superior al año. Internamente, se conservan los órganos, lo que permite identificar posibles hallazgos traumáticos.

¿Qué es la corificación?

Es un fenómeno conservador del cuerpo que se ha identificado en algunos inhumados de féretros con revestimiento interior de zinc. Externamente, la piel del cadáver presenta un aspecto grisáceo de consistencia dura, similar al cuero, consecuencia de procesos de desecación y coagulación. Suele afectar a zonas parciales del cadáver.

¿Se conservan bien los cadáveres congelados?

La congelación de un cuerpo se realiza o bien de forma natural por circunstancias ambientales de temperaturas mantenidas muy bajas, o bien de forma artificial en congeladores. Con temperaturas inferiores a –40 °C, se origina una conservación duradera del cuerpo, el cual se mantiene inalterado, como se encontraba en el momento de la congelación, por lo que mantiene los rasgos externos, lo que resulta de utilidad para fines identificativos, y los rasgos internos, lo que permite detectar posibles lesiones. Una vez que se produce la descongelación, se inician los fenómenos destructivos, los cuales se producen de manera muy acelerada.

15

Autopsia judicial y autopsia clínica

¿Qué se entiende por autopsia?

Etimológicamente, la palabra *autopsia* procede del griego *autos* 'yo mismo' y *ophis* 'vista', es decir, 'examen con los propios ojos'. Conceptualmente, podemos definir la autopsia o necropsia como el conjunto de estudios e indagaciones realizados sobre el cadáver enfocados al estudio del origen y los mecanismos del fallecimiento.

¿Son todas las autopsias iguales?

No, dependen de su objetivo y de la técnica de realización. Según su objetivo y naturaleza, diferenciamos dos tipos de autopsias: la clínica y la judicial o medicolegal. Según la técnica o el método de realización, existen múltiples variantes, aunque las más utilizadas son las derivadas de la técnica de Mata y de la técnica de Virchow.

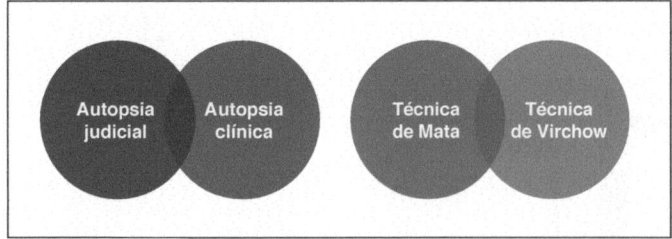

¿Se realiza una autopsia en todos los fallecimientos?

Cada país tiene una legislación específica, lo que conlleva grandes diferencias. Se suele argumentar que, a mayor porcentaje de autopsias, mayor calidad del sistema sanitario de un país, pues permite avanzar en el estudio último de la evolución de las enfermedades y sus consecuencias. En España, el porcentaje de autopsias clínicas es escaso en relación con el de otros países cercanos, mientras que las autopsias judiciales son bastante más numerosas, aunque por razones diferentes a su propia esencia.

¿Cuándo se realiza la autopsia medicolegal o judicial?

Debe realizarse en aquellos fallecidos en los que se investiguen lesiones o alteraciones anatomopatológicas cuyo descubrimiento o comprobación sirvan para ayudar al esclarecimiento de la causa de la muerte en un caso jurídico.

¿Quién ordena la realización de la autopsia judicial?

De acuerdo con lo establecido en el «Título V» de la Ley de Enjuiciamiento Criminal, «de la comprobación del delito y averiguación del delincuente», será el juez de instrucción el que inste a la realización de la autopsia cuando se esté investigando el llamado *cuerpo del delito* y se den las circunstancias contempladas en él.

¿Cuándo se ordena una autopsia judicial?

La importancia de la autopsia judicial viene determinada en el artículo 343 de la Ley de Enjuiciamiento Criminal, en el que se especifica que se realizará la autopsia en los sumarios a los que se refiere el artículo 340, es decir, en los casos de muerte violenta o sospechosa de criminalidad, aun cuando por la inspección externa pueda presumirse la causa de la muerte. No obstante, el artículo 778.4 de la misma ley establece que «el juez podrá acordar que no se practique la autopsia cuando por el médico forense o quien haga sus veces se dictamine cumplidamente la causa de la muerte sin necesidad de aquella».

¿Con qué fin se hace la autopsia judicial?

Ha de ir encaminada a averiguar si es una muerte violenta, establecer su etiología medicolegal, determinar responsabilidades y concretar la causa del fallecimiento, la data y las circunstancias.

¿Dónde se realizan las autopsias judiciales?

Aunque la Ley de Enjuiciamiento Criminal determina que se harán en un local público destinado para tal fin en cada pueblo o partido judicial, e incluso en el propio domicilio del difunto, el progreso y la lógica científica hacen que en la actualidad la inmensa mayoría de ellas se lleven a cabo en los servicios de patología forense de los institutos de medicina legal y ciencias forenses.

¿Quién realiza la autopsia judicial?

En la inmensa mayoría de los casos, es llevada a cabo por un único médico forense. Sin embargo, la propia Ley de Enjuiciamiento Criminal establece que en los sumarios será realizada por dos médicos forenses.

¿Cómo se lleva a cabo una autopsia judicial?

La autopsia es el conjunto de procedimientos que tienen por objeto facilitar la exteriorización y el examen de los órganos y tejidos que integran el organismo. Esta práctica debe ser completa y respetuosa, originando la mínima alteración del cadáver para una perfecta observación y permitiendo la reconstrucción del cuerpo.

¿Cuáles son los tiempos de la autopsia judicial?

La autopsia comienza en el propio levantamiento del cadáver y, una vez trasladado este al instituto de medicina legal y ciencias forenses correspondiente, se procede al examen externo, seguido del examen interno. La autopsia se completa con la realización de otros estudios y la toma de muestras del cadáver.

¿Qué se determina en el levantamiento del cadáver?

El levantamiento del cadáver es realizado por la comisión judicial en el lugar donde se encontró el difunto, en el que se hará un minucioso examen tanto del cadáver como del lugar, cuyos objetivos desde el punto de vista médico forense son comprobar la realidad del óbito, establecer la data y precisar el mecanismo de la muerte.

¿En qué consiste el examen externo?

La realización del examen externo del cadáver se lleva a cabo de forma completa, minuciosa y sistemática. Se comprueban los signos que lleven a:

a) La identificación del cadáver: se anota su talla, constitución, vestimenta, objetos personales, cabello, color de iris, cicatrices, tatuajes y demás señas particulares.

b) La determinación de la data de la muerte: se examina el estado evolutivo de los fenómenos cadavéricos y se comparan con el estado que presentaban en el momento del levantamiento.

c) El establecimiento de la causa de la muerte: se busca la existencia de lesiones traumáticas, determinando su naturaleza, localización, número, tamaño, forma y dirección, y de procesos patológicos, como edemas o lesiones infecciosas.

d) El conocimiento del medio en el que ha permanecido el cadáver: evidenciar determinados signos externos en el cadáver permite conocer su permanencia en ambientes concretos, ya sea un medio seco, caluroso o húmedo.

¿Cómo se realiza el examen interno del cadáver?

Siempre se debe realizar un estudio completo, sistemático, ordenado y minucioso de todas las cavidades principales: cráneo, cuello, tórax y abdomen. En ocasiones, puede ser necesaria la apertura de la cavidad raquídea o de las extremidades. Tras la apertura de cada una de las cavidades, se procede a la inspección, palpación, estudio del interior y extracción de los órganos; se anota su forma, peso, color, la existencia de lesiones, de hallazgos patológicos no traumáticos y de todos aquellos elementos de interés para la averiguación de la causa y las circunstancias del fallecimiento.

¿Qué estudios complementarios se realizan en las autopsias?

El estudio realizado en el examen externo e interno puede complementarse con otros análisis que contribuyan a esclarecer la identificación del cadáver, la causa del fallecimiento, la data de la muerte y la identificación de terceros mediante restos biológicos. Entre estos análisis complementarios, se encuentran los estudios toxicológicos, microbiológicos, histológicos, genéticos y tanatoquímicos.

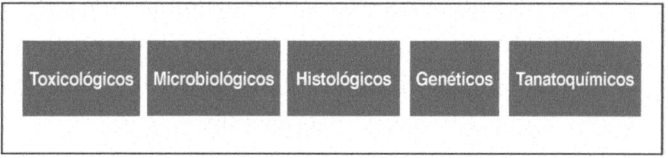

¿Con qué muestras biológicas pueden realizarse los análisis complementarios?

Las muestras biológicas que se eligen para las determinaciones analíticas dependen fundamentalmente del tipo de estudio complementario que se desee. Entre las principales muestras biológicas analizadas, se encuentran la sangre, el humor vítreo, la orina, el líquido cefalorraquídeo, el exudado nasal, el exudado faríngeo, las cuñas de vísceras y los restos biológicos obtenidos de la zona subungueal[63] en caso de haber existido defensa por parte de la víctima.

---

[63] Zona de debajo de las uñas. Para obtener estas muestras, se desliza un hisopo por debajo de cada una de las uñas de los dedos de las manos.

¿En qué consisten estos estudios complementarios?

Todos estos estudios complementarios se realizan con muestras biológicas extraídas del cadáver. En los estudios toxicológicos, se analiza la existencia de sustancias tóxicas; en los microbiológicos, se determina si existe algún microorganismo colonizando las muestras analizadas; en los histológicos, también llamados *estudios anatomopatológicos*, se estudian las células de las cuñas viscerales u órganos analizados; en los genéticos, se determina el ADN de la muestra biológica analizada, y, en los tanatoquímicos, se analiza la concentración *post mortem* de compuestos bioquímicos, como el potasio o la glucosa, para dar respuesta a cuestiones como la data del fallecimiento o la causa.

¿Cómo se lleva a cabo la apertura del cráneo?

La técnica de Mata es la más empleada para la apertura del cráneo. Consiste en una incisión en el cuero cabelludo que se extiende entre ambas apófisis mastoides[64] pasando por el polo cefálico. El cuero cabelludo se repliega en dos colgajos cutáneos, quedando accesible el cráneo, que se aserra circularmente por encima del reborde orbitario. A continuación, se libera la calota, se seccionan las meninges[65] y se procede a la extracción del encéfalo, constituido por el cerebro, el cerebelo y el bulbo raquídeo.

---

[64] Prominencia ósea del hueso temporal que se palpa detrás del pabellón auricular.

[65] Membranas que recubren y protegen el sistema nervioso central. Son la duramadre, la aracnoides y la piamadre.

¿Cómo es la apertura de la cavidad torácica y abdominal mediante la técnica de Mata?

Esta técnica consiste en la realización de un único trazo de incisión común para la apertura de la cavidad torácica y abdominal, lo que permite un estudio simultáneo de ambas cavidades. Este trazo tiene una forma ovalada e incompleta en la parte inferior de la región anterior del abdomen, lo que se describe como forma de U invertida. La incisión se inicia en la fosa iliaca derecha y se prolonga en sentido ascendente por el margen derecho hasta la clavícula derecha, pasando por la zona externa de la mama; se continúa hacia la clavícula izquierda y, de ahí, el trazo de incisión desciende por el margen izquierdo del tronco hasta alcanzar la fosa iliaca izquierda. A continuación, este colgajo cutáneo en forma de U invertida se repliega en sentido caudal para poder proceder a realizar el examen interno.

¿Cómo es la apertura de la cavidad torácica y abdominal mediante la técnica de Virchow?

Del mismo modo que ocurre en la técnica de Mata, se realiza un único trazo de incisión para la apertura de ambas cavidades. Esta incisión se inicia en la región submentoniana[66] y desde ahí se extiende en sentido caudal por la línea media del cuello, del tórax y del abdomen hasta finalizar en la región del pubis. De esta forma, se separan ambos colgajos cutáneos hacia la región externa para acceder al interior de las cavidades y realizar el examen interno.

---

[66] Zona situada debajo de la mandíbula.

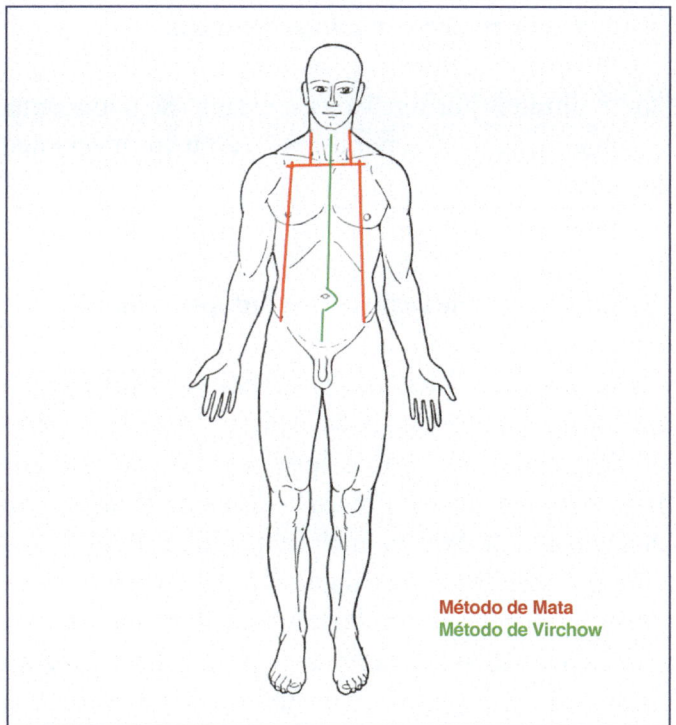

Figura 15.1. Representación de las dos principales técnicas de autopsia empleadas: en rojo, la técnica de Mata y en verde, la técnica de Virchow. *Fuente:* elaboración propia.

¿Dónde se regula la autopsia clínica?

La autopsia clínica está legislada por la Ley 29/1980 de Autopsias Clínicas y el Real Decreto 2330/1982, de 18 de junio, que desarrolla la ley anterior. En ellos, se establecen los objetivos, las causas y las condiciones para su realización.

¿Dónde se realiza la autopsia clínica?

Exclusivamente, en los centros que reúnan las condiciones adecuadas de locales y de medios físicos y personales establecidos en la ley. Actualmente, estas autopsias se realizan en los servicios de anatomía patológica de los hospitales.

¿Quién debe realizar la autopsia clínica?

Son realizadas por médicos especialistas en anatomía patológica, auxiliados por otros facultativos o personal auxiliar.

¿Cuándo se puede realizar una autopsia clínica?

La autopsia clínica se podrá realizar siempre que no intervenga la autoridad judicial por tratarse de un fallecimiento violento o sospechoso de criminalidad. Los familiares del fallecido, si así lo desean, y siempre que el paciente fallecido no hubiese manifestado su oposición por sí mismo o por medio de su cónyuge o familiares de primer grado, podrán solicitar una autopsia clínica, para lo que deberán firmar un consentimiento informado. Si es el médico clínico que ha asistido al sujeto fallecido durante su enfermedad quien desea que se realice una autopsia clínica, deberá solicitarlo a los familiares, que serán en último caso los que den el consentimiento.

¿Para qué se hace una autopsia clínica?

La finalidad de la autopsia clínica es estudiar el cadáver para investigar cómo se han alterado los diversos órganos y tejidos, cómo ha evolucionado el proceso morboso y cómo tales modificaciones anatómicas pueden haber provocado síntomas funcionales, así como para averiguar las alteraciones anatomopatológicas y bioquímicas que han sufrido los tejidos como consecuencia de la enfermedad y, a partir de ellas, confirmar el diagnóstico y averiguar la causa de la muerte.

16 El levantamiento del cadáver

¿Qué se entiende por criminalística?

Puede definirse como la ciencia que investiga los indicios o vestigios dejados en el lugar de la comisión del hecho delictivo para conseguir averiguar la identidad del criminal y las circunstancias que concurrieron en el delito.

¿Qué es el lugar del delito?

Es el sitio en el que tiene lugar alguna de las fases del delito y, por tanto, en el que pueden encontrarse elementos relacionados con su comisión. Las investigaciones de los elementos hallados permitirán encontrar signos de participación del autor y averiguar algunas de las características del hecho.

¿Son iguales todos los lugares del delito o escenas del crimen?

Coloquialmente, se considera escena del crimen el lugar donde se encuentra el cadáver, que en este caso es el cuerpo del delito, que da origen al inicio de la investigación judicial. A este lugar lo llamamos *escena del crimen primaria*. Además, existen otros muchos sitios o escenas del crimen, que llamamos *secundarias*, las cuales poseen una importancia trascendental para la averiguación del delincuente y de las circunstancias del desarrollo del crimen. Ejemplos de estas escenas secundarias son el sitio donde se origina el ataque, el medio utilizado para trasladar el cuerpo, la ruta de escape y los hallazgos encontrados en las ropas y el domicilio del sospechoso.

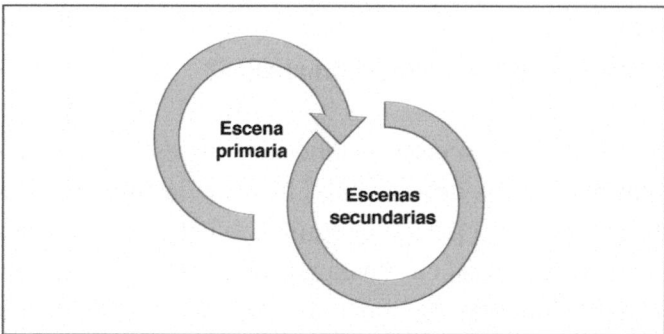

¿Cuáles son las características que debe cumplir la investigación de la escena del crimen?

Llevar a cabo una buena investigación del crimen resulta complejo, pues se deben compaginar elementos que en principio parecen antagónicos, como la celeridad y la precocidad con la minuciosidad y la reflexión. La intervención ha de ser rápida y lo más precoz posible, a la vez que sistemática y detallada: se ha de trabajar sin prisa y siguiendo un método de trabajo amplio y completo, sin dejar nada de lado.

La investigación exige la intervención de disciplinas profesionales diferentes que, aunque encaminadas a un mismo fin, utilizan tiempos, métodos y conocimientos distintos. Es por ello por lo que, además de realizar adecuadamente nuestra labor, se debe actuar de forma multidisciplinar: conocer la actividad de los demás intervinientes y compaginar la actividad de juristas, médicos, criminólogos, miembros de los cuerpos y fuerzas de seguridad del Estado y miembros de protección civil.

¿Qué es el levantamiento del cadáver?

Es una diligencia regulada por la ley que consiste en la puesta en marcha de un procedimiento judicial tras el hallazgo de un cadáver con características presumiblemente criminales con el fin de obtener los elementos fundamentales para la averiguación del delincuente y las circunstancias en las que se ha producido dicho delito.

¿Dónde se regula el levantamiento del cadáver?

El «Título V» de la Ley de Enjuiciamiento Criminal hace referencia a «la inspección ocular y del cuerpo del delito»; una de sus variedades es el «levantamiento del cadáver», cuyo objeto principal es un cuerpo sin vida. Cuando el cuerpo del delito sea el cadáver y existan indicios de muerte violenta o sospechosa de criminalidad, actuará la comisión judicial.

¿Quiénes constituyen la comisión judicial?

El levantamiento del cadáver es realizado por la comisión judicial, integrada por un juez instructor en funciones de guardia, un médico forense, un letrado de la Administración de Justicia y personal auxiliar del juzgado. También es función de la policía judicial auxiliar y actuar en estas diligencias.

La Ley Orgánica 15/2003 modifica la actuación de la comisión, permitiendo que el juez autorice al médico forense a que asista en su lugar al levantamiento del cadáver, en cuyo caso se adjunta un informe con una descripción detallada de la diligencia. En la práctica, esta modificación ha supuesto que en la mayoría de las ocasiones acuda exclusivamente el médico forense junto con la policía judicial.

¿Cómo actúa la comisión judicial?

Con efectos didácticos, se puede establecer una diferencia cronológica en la práctica del levantamiento del cadáver: aquellas cuestiones que transcurren desde el inicio hasta la llegada de la comisión judicial, las labores que se ejecutan durante el proceso del levantamiento y el modo de finalizar la diligencia una vez que se ha llevado a cabo el levantamiento del cadáver.

¿Qué hacer antes de la llegada de la comisión judicial?

Habitualmente, los primeros en tener noticias del suceso son los miembros de los cuerpos y fuerzas de seguridad del Estado, los cuales acuden a verificar el hecho. Es fundamental comprobar el fallecimiento del sujeto. Una vez comprobado, se pone en conocimiento del juzgado de guardia, al que se dan los primeros datos de los que se dispongan para la investigación judicial, tales como los signos de muerte violenta, la dirección de los hechos, la posible identidad del fallecido o la existencia de testigos.

Mientras se espera a que se persone la comisión judicial, se debe tratar de identificar a la víctima, buscar testigos y comenzar la localización de los familiares. Hay que procurar alterar lo menos posible el lugar, protegiéndolo y acordonándolo. No se debe tocar el cadáver salvo para confirmar el fallecimiento; a continuación, se dejará en la misma posición. En los casos en los que se haya tenido que modificar la posición, se ha de anotar el cambio y describir cómo se encontraba previamente, incluso realizando fotografías anteriores a la modificación de la posición.

¿Qué se hace durante la diligencia del levantamiento judicial?

Durante la diligencia del levantamiento del cadáver, se facilitarán al juez todos los datos recogidos hasta el momento, tanto de la identidad del fallecido y de los familiares como de las declaraciones de los testigos. El letrado de la Administración de Justicia levantará el acta de inspección ocular y del levantamiento del cadáver, en la que se reflejan todos los datos pertinentes de los hallazgos medicoforenses, policiales y judiciales.

¿Y qué se hace después del levantamiento judicial?

Son los miembros de la Policía Nacional, de la Policía Local o de la Guardia Civil quienes deben custodiar el lugar, preservar los indicios encontrados, retirar y conservar los vehículos implicados y recoger los objetos de valor que el juez estime necesarios para la averiguación del caso. Asimismo, suelen ser quienes avisen a los servicios competentes del retén fúnebre para la retirada del cadáver y su posterior traslado al lugar de la autopsia, así como a los servicios de bomberos y de limpieza para restablecer la normalidad en los lugares públicos.

¿Cuáles son las fases del levantamiento del cadáver?

El desarrollo de la inspección ocular y del levantamiento del cadáver conlleva diversas actuaciones tendentes a conseguir los objetivos propuestos, que se pueden esquematizar en las siguientes fases:

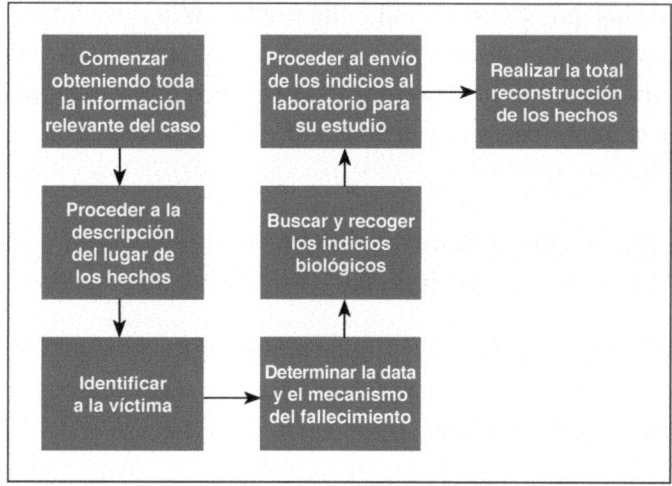

¿Cuál es la información relevante?

Podemos decir que es el conjunto de información de los investigadores policiales, familiares, amigos, compañeros y vecinos de la víctima, que incluye:

- Los antecedentes de la víctima: sus datos personales; sus circunstancias sociales, familiares y laborales; los trastornos patológicos que sufriera; si presentaba consumo de alcohol o de tóxicos; si existieron intentos, manifestaciones o motivos para el suicidio, o si se tenía conocimiento de amenazas de muerte por parte de otras personas.
- La fecha y la hora en que se vio por última vez con vida a la persona fallecida.
- Las evidencias recogidas por los investigadores.

- La identidad de la persona que descubrió el cadáver y la hora a la que lo comunicó.
- Si han existido modificaciones de la escena inicial, en cuyo caso se indicará cómo estaba previamente.

¿Qué método se utiliza para el examen del lugar de los hechos?

Existen varios métodos, entre los que destacan:

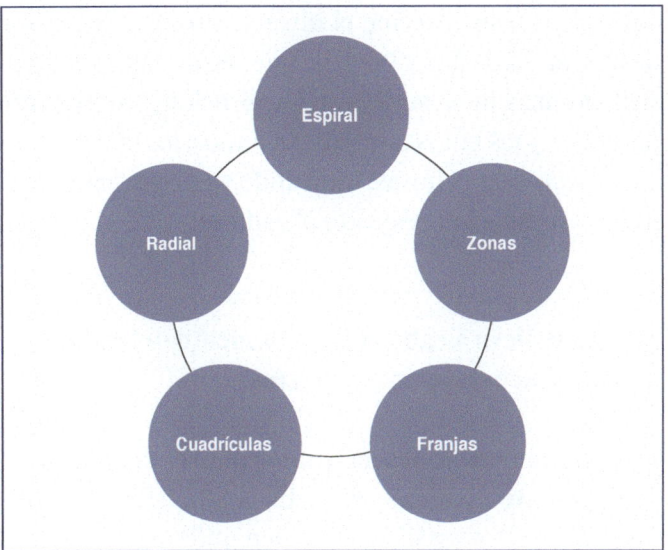

- En espiral: situando el cadáver en el punto central, se van describiendo círculos de búsqueda a su alrededor cada vez más amplios.
- Por zonas: se separa el lugar de los hechos por áreas específicas y se examina de forma independiente cada una de ellas.
- Por franjas: la búsqueda de los indicios se realiza dividiendo el área total en diversas bandas, que se exploran una tras otra.
- En cuadrícula: se divide toda la zona en cuadrados, que se enumeran y se van estudiando uno por uno.

- Radial: a modo de rueda, el cadáver supone el centro del círculo y la exploración se hace en forma de radio hacia la periferia.

En los supuestos en que el cadáver aparezca en un lugar cerrado, ¿cómo se examina la estancia?

Inicialmente, se anota cómo se encuentra la entrada a la escena, cerrada o abierta; en este último caso, se indica si está forzada la cerradura. A continuación, se observa la estancia y se describe el nivel de orden o desorden; se buscan manchas y huellas, que se revelan y fotografían, además de describir su localización, y se recogen las armas y las notas que existan junto a los objetos y las sustancias sospechosas, indicando su disposición en el lugar y su relación respecto al cadáver.

¿Cómo se lleva a cabo el levantamiento del cadáver si se produce en lugares abiertos?

Hay que comenzar describiendo cómo es el lugar, preferiblemente mediante reportajes fotográficos, dibujos o vídeo. Hoy en día, se pueden utilizar drones para tener una visión completa del lugar empleando programas de fotogrametría, que además permiten la reconstrucción tridimensional del lugar. En la descripción, se hará constar cómo son las vías de acceso, si es una zona transitada y los detalles del terreno, indicando si es pedregoso,[67] húmedo, de cemento o de cubierta vegetal. Reflejar las características del lugar es de gran importancia para establecer si existe concordancia entre ellas y el estado de conservación del cadáver.

---

[67] De piedras.

¿Qué se entiende por indicio?

Todo elemento que el sospechoso o la víctima dejen o se lleven del lugar primario o secundario de la escena del crimen y que, de alguna manera, pueda conectarse con el delito y permita averiguar la identidad de los implicados y reconstruir los hechos. Cuando el elemento hallado procede de un organismo vivo, se denomina *indicio biológico*.

¿Cuáles son los principios de intercambio de Locard?

En la búsqueda de los indicios, se usan desde hace años los denominados *principios de intercambio de Locard*, los cuales parten de la premisa de que cada contacto deja un rastro. De ello, se derivan las siguientes consecuencias:

a) El agresor se lleva rastros de la escena y de la víctima.
b) El agresor deja rastros en la escena y en la víctima.
c) La víctima se queda con rastros del agresor y de la escena.
d) La escena puede dejar rastros en el agresor y en la víctima.

¿Cómo se buscan los indicios biológicos?

Los indicios biológicos pueden encontrarse en todo aquello relacionado con la escena; por ello, hay que buscarlos y recogerlos en la víctima, el agresor y el lugar de los hechos. Ante su hallazgo, y previamente a su recogida, es necesario fijarlos mediante esquemas o fotografías y describir su localización.

¿Cómo se debe actuar ante el hallazgo de indicios biológicos?

De forma general, todo indicio debe ser recogido de forma cuidadosa y en condiciones de esterilidad mediante el uso de guantes, calzas y vestimenta estéril. Una vez obtenidos, se depositarán en recipientes nuevos y diferentes, los cuales deben ser correctamente etiquetados, anotando el número y tipo de indicio, la localización, la fecha, la hora, el investigador que los toma y el número del procedimiento judicial. Finalizada la recogida, se deben enviar en las condiciones adecuadas lo más precozmente posible al laboratorio. Además, es aconsejable recoger también muestras testigo de sangre y pelo, así como hacer un frotis bucal, para identificar a todos los intervinientes y detectar los casos de contaminación cruzada.

¿Qué características tiene la recogida de determinados indicios biológicos?

Cuando la recogida es de indicios líquidos, se realiza con una jeringa estéril o impregnando algodón, gasas o hisopos estériles. Es necesario dejarlos secar a temperatura ambiente antes de su envío, ya que la humedad favorece el crecimiento de hongos y bacterias, lo que puede degradar el ADN existente. Cuando se trata de manchas secas, lo más indicado es enviar el objeto completo sobre el que se asientan; por ejemplo, una prenda de ropa. Si no es posible, se debe cortar y enviar la porción que contiene el indicio junto con otra limpia para su cotejo. Si el objeto sobre el que está la mancha no puede transportarse, como en el caso de una mesa o una estantería, se raspa la mancha con un instrumento estéril y se depositan los fragmentos obtenidos sobre un papel limpio, el cual se dobla e introduce en un recipiente hermético. Si el indicio es un objeto sólido, como un pelo o un cabello, se recoge con pinzas y se introduce cada pelo en un sobre, aunque aparezcan todos juntos y sean similares a la observación inicial.

Una vez recogida la muestra, ¿cómo se envasa y se envía?

Dependiendo del tipo de indicio recogido, se empaqueta y envía de forma diferente. Si las manchas de indicios líquidos se encuentran en una superficie absorbente, se mandan completas, mientras que, cuando se encuentran en forma de costras sobre una superficie no absorbente, se raspan y se envasan en un sobre pequeño de papel. En los casos de prendas de ropa con manchas, se doblan hacia el interior y se introducen en una bolsa de papel, no de plástico, pues en este último caso se favorece la humedad y, consecuentemente, el crecimiento de gérmenes. Los huesos o sus esquirlas se empaquetan en bolsas o cajas y se rellenan con virutas para evitar su fragmentación. Cuando se trata de recoger insectos o larvas, se utilizan pinzas y se introducen en frascos de vidrio limpios.

¿Qué es la cadena de custodia?

En la búsqueda, recogida, empaquetado y envío de todos los indicios encontrados en la escena del crimen, resulta trascendental que cada uno de los actos realizados se encuentre documentado y especificado. Esto implica conocer dónde ha estado en todo momento el indicio, y eso se plasma en un documento escrito que se denomina *cadena de custodia*, en el que quedan reflejadas todas las incidencias y movimientos de las muestras desde su toma en el lugar del hecho, pasando por su llegada y análisis en el laboratorio, hasta el destino final de la muestra, ya sea su destrucción o su conservación. En el documento, se refleja la identificación, la firma y la hora en la que ha participado cada uno de los intervinientes del proceso, y este acompañará siempre la muestra, desde la recogida hasta su análisis.

17

Manchas biológicas

¿Qué se entiende por mancha en el ámbito de la criminología?

La mancha se considera toda aquella modificación de la superficie de un objeto por adición de un elemento externo que cursa con cambios del color o de la figura previos cuya investigación científica nos ayuda a la averiguación de la víctima, el autor o las circunstancias en las que se ha producido un hecho.

¿Qué importancia tienen las manchas como indicios biológicos?

El hallazgo de manchas posee una elevada importancia debida a la gran cantidad de información que aportan desde el punto de vista criminológico. Las manchas se forman al depositarse algún fluido biológico sobre una superficie y producir en ella una modificación de color por la adhesión del nuevo compuesto. Estas manchas pueden encontrarse en la piel de la víctima o en sus ropas, en el lugar de los hechos, en elementos que hayan estado en contacto con la víctima y el agresor y en la piel o la ropa del agresor.

¿Qué manchas de naturaleza biológica se pueden encontrar?

Cualquier fluido biológico que se deposite en una superficie puede dar lugar a una mancha. Por su relación con posibles delitos, destacan los siguientes: sangre, semen, orina, meconio,[68] unto sebáceo[69] y saliva.

¿Qué información se puede extraer del estudio de las manchas biológicas?

Del estudio de las manchas biológicas se puede obtener el diagnóstico genérico, el diagnóstico del sexo de la persona a la que pertenezca el fluido que ha dado lugar a la mancha y el diagnóstico de individualidad.

¿En qué se fundamenta el diagnóstico genérico de una mancha?

Se trata de confirmar la naturaleza de la mancha, es decir, el fluido biológico al que pertenece, demostrando la existencia de las células, moléculas o compuestos que forman parte de ese fluido.

---

[68] Primeras heces del recién nacido.
[69] Capa grasosa que recubre la piel del recién nacido.

¿Cómo se realiza el diagnóstico genérico de una mancha de sangre?

Las formas de determinar que la mancha ante la que nos encontramos es de sangre son las que siguen: la visualización al microscopio de células sanguíneas, como eritrocitos[70] o leucocitos;[71] las técnicas enzimáticas que evidencian la actividad de peroxidasas;[72] las reacciones químicas que identifican cristales derivados de la hemoglobina, y las técnicas espectroscópicas,[73] en las que se describe el espectro de absorción de la hemoglobina.

¿Cómo se confirma que el fluido biológico que constituye una mancha es semen?

El diagnóstico genérico de semen implica visualizar espermatozoides al microscopio, identificar cristales de espermina[74] mediante técnicas bioquímicas o determinar la presencia del antígeno prostático específico[75] (PSA por sus siglas en inglés, de *prostate-specific antigen*) mediante técnicas inmunológicas.

---

[70] Los eritrocitos son los glóbulos rojos, que se encargan de transportar el oxígeno por la sangre a las células de los tejidos y retirar el dióxido de carbono.

[71] Los leucocitos son los glóbulos blancos, las células defensivas del organismo frente a infecciones.

[72] Son enzimas con actividad oxidorreductasa que utilizan la molécula de peróxido como agente oxidante de un sustrato.

[73] Las técnicas espectroscópicas se basan en la propiedad de las moléculas coloreadas de absorber distintas longitudes de onda al interponerlas en un foco luminoso. Según la longitud de onda absorbida, se tratará de una molécula u otra, pues cada una tiene un espectro de absorción específico y único.

[74] Molécula que forma parte de la composición del semen.

[75] Proteína producida por las células de la próstata.

¿Mediante qué métodos se establece que el compuesto que forma una mancha es saliva?

Mediante el empleo de técnicas enzimáticas que revelen la presencia de amilasa, una enzima que se produce en las glándulas salivales y actúa en la digestión de hidratos de carbono, como el glucógeno y el almidón.

¿Cómo se determina que se trata de una mancha cuyo componente es orina?

Para confirmar que se trata de una mancha de orina, se deben visualizar al microscopio cristales de ácido úrico o de oxalato cálcico y células epiteliales, confirmar la presencia de creatinina, urea y ácido úrico mediante técnicas bioquímicas u obtener el espectro de absorción de la orina mediante espectroscopia.

¿De qué forma se confirma que una mancha es de meconio?

El meconio posee una consistencia viscosa y un color verdoso. Para confirmar si una mancha es de meconio, se emplean técnicas microscópicas, con las que se visualizan células epiteliales del tracto digestivo y cristales de bilirrubina, o técnicas espectroscópicas.

¿Cómo se reconoce que una mancha corresponde a unto sebáceo?

Visualizando al microscopio células epiteliales globulosas con un gran contenido de grasa.

¿Qué importancia criminológica tiene identificar las manchas de meconio y de unto sebáceo?

Confirmar que las manchas que se han encontrado en un determinado lugar corresponden a meconio o a unto sebáceo es importante porque sugiere que en ese lugar ha estado un recién nacido, lo que en el seno de investigaciones por posible delito de homicidio de un recién nacido o delito de aborto resulta de un innegable valor.

¿Cómo se determina el sexo de la persona a quien pertenece el fluido biológico que ha dado lugar a la mancha?

Identificando los corpúsculos de Barr o el cromosoma Y mediante el estudio microscópico. Los corpúsculos de Barr son estructuras que se visualizan en el núcleo de las células pertenecientes a seres humanos del sexo femenino, y no en las pertenecientes a sujetos del sexo masculino. Dichos corpúsculos corresponden a regiones muy condensadas de cromatina del cromosoma X inactivo.[76] Por otro lado, identificar el cromosoma Y en el núcleo de las células permite confirmar que la mancha pertenece a una muestra biológica de varón.

¿Cómo se identifica la persona a la que pertenece el fluido biológico que ha formado una mancha?

Una vez que se ha recogido la muestra, se envía al laboratorio, donde se realiza el estudio de individualidad:

---

[76] Los embriones femeninos poseen dos cromosomas XX en sus células. Durante el desarrollo embrionario, se produce un fenómeno llamado *lionización*, mediante el cual uno de los dos cromosomas X, el de procedencia paterna o el de procedencia materna, queda inactivado al azar. Esto supone que no se produce la transcripción de la mayoría de los genes de ese cromosoma y que, morfológicamente, aparece como cromatina muy condensada, que es lo que se conoce como *corpúsculos de Barr*.

el estudio del ADN de los núcleos de las células de la muestra, pues el ADN es único y exclusivo para cada ser humano. De esta forma, podremos obtener el perfil genético de la persona a quien pertenece la muestra y, así, realizar la comparativa con una muestra biológica del sujeto al que se le atribuye gracias a bases de datos o a muestras biológicas de sus familiares.

¿Qué otros diagnósticos se pueden obtener de una mancha de sangre?

Además de diagnósticos genéricos, de sexo y de individualidad, las manchas de sangre permiten realizar diagnósticos de especie, de data y de lugar de procedencia.

¿Qué es el diagnóstico de especie de una mancha y cómo se realiza?

Es determinar si la sangre corresponde a un ser humano o a un animal. Para ello, se puede realizar un estudio microscópico o usar técnicas inmunológicas de reacción antígeno-anticuerpo. El estudio microscópico se centra en la visualización al microscopio de las células sanguíneas y de la hemoglobina, ya que estos elementos son diferentes en humanos y en animales. Las técnicas inmunológicas se basan en identificar moléculas específicas y concretas de las células de la sangre de los seres humanos, denominadas *antígenos*, mediante marcadores específicos, llamados *anticuerpos*.

¿En qué consiste establecer el diagnóstico de la data de una mancha de sangre?

Este diagnóstico se basa en determinar si una mancha de sangre es antigua o reciente. Se puede realizar atendiendo a aspectos cromáticos, pues, cuanto mayor es la antigüedad de la mancha, más oscura y ennegrecida será, y a aspectos bioquímicos, pues el contenido de catalasas y peroxidasas disminuye en función de la antigüedad.

¿Cómo se averigua el lugar anatómico de procedencia de la sangre que ha dado lugar a la mancha?

Visualizar al microscopio una muestra obtenida de la mancha permite evidenciar las células presentes. Dependiendo de si la sangre procede de una epistaxis,[77] de una hemorragia digestiva o de la menstruación, se visualizarán al microscopio células epiteliales con las características específicas de la región anatómica de la que proceda, es decir, células del epitelio respiratorio, del epitelio del tubo digestivo o del epitelio vaginal, respectivamente.

¿Cómo se clasifican las manchas de sangre?

Las manchas de sangre pueden clasificarse atendiendo al mecanismo de producción o al aspecto macroscópico que presenten.

¿Qué tipo de manchas de sangre hay atendiendo al mecanismo de producción?

Según la forma en que se hayan producido las manchas de sangre, se distinguen los siguientes tipos de mecanismos:

---

[77] Hemorragia nasal.

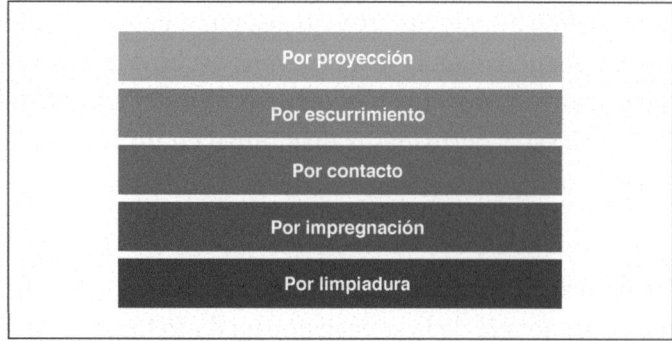

Por proyección: las manchas se producen por la acción de una fuerza viva o de la fuerza de la gravedad.

Por escurrimiento: las manchas tienen forma de regueros, que surgen por desplazamientos de la víctima o por la movilización del cadáver.

Por contacto: las manchas se generan al contactar un elemento ensangrentado con una superficie o soporte.

Por impregnación: las manchas se forman en ropas y tejidos cuando embeben la sangre.

Por limpiadura: estas manchas son un tipo de impregnación que se forma cuando se limpia el arma ensangrentada con un tejido absorbente.

Macroscópicamente, ¿qué aspecto presenta una mancha de sangre?

El aspecto macroscópico varía en función de dos elementos: la data y el soporte, que puede ser absorbente o no:

- Si la mancha se forma en un tejido absorbente claro, si es reciente, tendrá un color rojo oscuro, mientras que, si es antigua, será más negruzca.

- Si la mancha se forma en un tejido absorbente oscuro, verla puede resultar difícil, por mimetizarse con el tejido del soporte.
- Si la sangre cae sobre un tejido no absorbente, formará costras rojas en su superficie.

¿Cómo se observan las manchas de semen?

La investigación de los vestigios de semen es determinante en caso de agresión sexual, por lo que deben buscarse tanto en la ropa y en el cuerpo de la víctima como en el lugar de los hechos.

El aspecto que adoptan las manchas de esperma varía dependiendo del lugar donde estén. Cuando el semen se fija sobre una superficie no absorbente y aún se encuentra en estado líquido, suele presentar un aspecto pegajoso y filante; sin embargo, al secarse, dibuja una mancha típicamente descrita como de rastro de caracol. Si, por el contrario, se fija en una superficie absorbente, suele dar lugar a una mancha clara de bordes irregulares y aspecto acartonado.

18

Identificación del sujeto vivo y del cadáver

¿Qué es la identidad de un sujeto?

Es el conjunto de rasgos específicos de cada individuo que lo hacen ser él mismo y diferente a todos los demás.

¿Qué interés tiene para la medicina legal la identificación del individuo?

La medicina legal se enfrenta ordinariamente a la exigencia de establecer la identidad de los individuos, pues la problemática legal puede derivar de la necesidad de identificar sujetos vivos, cadáveres recientes e incluso restos óseos.

¿Qué métodos hay para establecer la identidad de un sujeto?

A lo largo de la historia, se han empleado diferentes métodos de identificación, los cuales son cada vez más específicos y rigurosos.

Entre ellos, se encuentran los siguientes:

- Métodos fotográficos.
- Métodos antropométricos.
- Señas particulares..
- Palatoscopia.
- Queiloscopia.
- Dactiloscopia.
- Quiroscopia.
- Estudios odontológicos.
- Estudios genéticos.

¿En qué se basan los métodos fotográficos?

Son métodos objetivos que permiten reproducir fielmente las características físicas de un sujeto. La fotografía facial tiene un gran interés identificativo y en nuestro país se recoge en el documento nacional de identidad.

¿Cuál es el principio de la identificación mediante métodos antropométricos?

Son métodos caídos en desuso en la actualidad. Antiguamente, para la identificación mediante métodos antropométricos, se realizaba una toma de las medidas de ciertas regiones anatómicas, como la longitud de la oreja derecha o de la mano izquierda, y se llevaba a cabo su registro.

De esta forma, para identificar un cadáver o a un sujeto vivo, se medían algunas regiones anatómicas y se comparaban con las medidas recogidas en el registro de los diferentes sujetos.

¿Cómo se procede a la identificación mediante señas particulares?

Las señas particulares son elementos específicos de cada sujeto que aportan particularidades a su identificación, entre las que se encuentran los tatuajes, las cicatrices, las características particulares y las deformidades. Comparando estas características que presente un sujeto vivo o un cadáver con los datos descriptivos que hayan aportado sus familiares, se podrá saber si se trata del mismo sujeto o no.

¿Qué es la palatoscopia?

Es el método de identificación basado en el estudio de las rugosidades palatinas. En el paladar de cada individuo, existen rugosidades específicas presentes desde el nacimiento e invariables a lo largo de la vida. El empleo de este sistema como método comparativo exige disponer de algún molde, como el usado en los tratamientos de ortodoncia, en el que haya quedado impreso el dibujo de las rugosidades.

¿En qué consiste la queiloscopia?

Se trata de una técnica identificativa fundamentada en el estudio de los surcos labiales. Del mismo modo que ocurre con las rugosidades palatinas, en los labios hay unos surcos diferentes en cada sujeto, que son inmutables y perduran durante toda la vida.

¿Qué analiza la dactiloscopia?

Este método de identificación se centra en el estudio de las crestas y los surcos que existen en la piel de las falanges distales de los dedos de las manos, es decir, en el estudio de las huellas dactilares. Las huellas dactilares existen en cada sujeto desde su nacimiento, son específicas de cada uno y permanecen constantes a lo largo de los años.

¿En qué se basa la quiroscopia?

Es una técnica similar a la dactiloscopia, pero estudia las crestas y los surcos de la piel de las palmas de las manos, por ser diferentes entre los individuos e invariables a lo largo del tiempo.

¿En qué consisten los estudios odontológicos con fines identificativos?

Estos estudios se basan en extraer información de las piezas dentales de cada sujeto y cotejarla con la información dental recogida en los registros odontológicos. Actualmente, la extensión de la asistencia odontológica a gran parte de la población, con la consiguiente existencia de registros sanitarios, permite que los estudios odontológicos sean uno de los métodos de identificación más empleados y resulta de gran interés en la identificación de cadáveres.

¿Por qué el estudio de la dentadura posee tanta importancia en la labor identificativa?

Porque la dentadura presenta características específicas y distintas entre individuos y posee una gran capacidad de conservación frente a agentes externos, como el calor, y frente al paso del tiempo, lo que permite que sea un elemento identificativo de primer orden en cadáveres carbonizados o putrefactos y en restos esqueléticos.

¿Cuáles son los principales registros odontológicos empleados para la identificación?

Los principales registros utilizados son los odontogramas, también llamados *fichas dentales*, las radiografías orales y las fotografías bucales.

¿Qué es un odontograma?

El odontograma o ficha dental es un esquema en el que aparecen representadas todas las piezas dentales con sus alteraciones anatómicas y patológicas. Para la identificación de un sujeto fallecido, es de utilidad disponer de un odontograma *ante mortem* y realizar otro al cadáver con el fin de cotejar ambos.

¿En qué se basa la identificación de un sujeto mediante el estudio del ADN?

Cada sujeto posee en el núcleo de sus células material genético diferente y único (el ADN). Este puede detectarse en las células incluso después del fallecimiento y perdura durante grandes periodos de tiempo en los tejidos debido a que su degradación es lenta. El hecho de que nuestro ADN tenga un cincuenta por ciento de procedencia materna y el otro cincuenta de procedencia paterna permite identificar sujetos mediante el cotejo con muestras biológicas de familiares consanguíneos.

¿Cuál es el método identificativo de mayor fiabilidad?

El estudio genético del ADN. Los avances en los estudios genéticos han convertido el ADN en el principal método de identificación tanto en sujetos vivos como en cadáveres.

19

Estudio medicoforense de las agresiones sexuales

¿Qué son los delitos por agresión sexual?

Se considera delito de agresión sexual cualquier conducta que atente contra la libertad sexual, es decir, cuando no hay consentimiento de la víctima. La ley entiende que hay consentimiento cuando este se haya expresado de forma libre mediante actos que manifiesten claramente la voluntad de la persona. Siempre se considerará agresión sexual si existe violencia, intimidación o abuso de una situación de superioridad del agresor o de vulnerabilidad de la víctima, así como si los actos son cometidos contra personas privadas de sentido, que tengan anulada su voluntad o de cuya situación mental se abuse.[78]

---

[78] Ley Orgánica 4/2023, de 27 de abril, para la modificación de la Ley Orgánica 10/1995, de 23 de noviembre, del Código Penal, en los delitos contra la libertad sexual, la Ley de Enjuiciamiento Criminal y la Ley Orgánica 5/2000, de 12 de enero, Reguladora de la Responsabilidad Penal de los Menores. *Boletín Oficial del Estado*, 101, de 28 de abril de 2023, https://www.boe.es/eli/es/lo/2023/04/27/4/con.

¿Quién podrá ser condenado como reo de violación?

Aquel que lleve a cabo una agresión sexual que consista en el acceso carnal por vía vaginal, anal o bucal de la víctima o en la introducción de miembros corporales u objetos por alguna de las dos primeras vías.

¿Cuál es la intervención del médico forense en los casos de agresión sexual?

El médico forense, por el ser el perito médico de la Administración de Justicia, intervendrá en aquellos casos de denuncia por agresión sexual de la siguiente forma: se entrevistará con la víctima para obtener un relato de los hechos denunciados y para recabar datos médicos y ginecológicos de interés, realizará una exploración física y psíquica de la víctima y procederá a la recogida de muestras para estudios biológicos y, en algunos casos, toxicológicos.

Durante la actuación del médico forense en estos casos, ¿están presentes los miembros de las fuerzas y cuerpos de seguridad del Estado?

Durante la entrevista con la víctima acerca de los hechos que denuncia, es aconsejable que estén presentes miembros de la Policía Nacional o de la Guardia Civil para evitar la victimización secundaria y que la víctima no se vea obligada a relatar los hechos en sucesivas ocasiones. Sin embargo, en la entrevista relativa a aspectos médicos, en la exploración psíquica, en la exploración física y en la toma de muestras, deberá estar solo el médico forense y el personal sanitario del centro médico para garantizar una mayor intimidad de la víctima.

¿Cómo debe ser la exploración psíquica?

La exploración psíquica está dirigida a establecer el nivel de conciencia que presenta la víctima, si está orientada, su grado de atención, cómo es su lenguaje, la forma de comportarse, su actitud... No obstante, en caso de haber consumido sustancias tóxicas de forma voluntaria o involuntaria, estas facultades psíquicas podrán verse alteradas.

¿Cómo se realiza la exploración física de la víctima?

La exploración física está dirigida a identificar hallazgos traumáticos en relación con los hechos denunciados. Es imprescindible informar a la víctima sobre el objetivo del reconocimiento e indicarle aquellas exploraciones que se le van a realizar, pues su consentimiento es necesario para llevarlas a cabo. Una vez obtenido el consentimiento, en primer lugar se hará el examen de la ropa para determinar si existen desgarros o manchas. A continuación, tendrá lugar la exploración física, que comienza con una inspección corporal general en busca de lesiones en zonas de defensa, como los antebrazos; en áreas de contención, como las muñecas o los tobillos, y en zonas típicas de sugilaciones, como el cuello y las mamas, así como de lesiones de ataque en manos y uñas. A continuación, se inspeccionará la región paragenital, que incluye la zona inferior del abdomen, la región glútea y el área interna de los muslos. Las lesiones en la cara interna de los muslos y de las rodillas son compatibles con el acceso violento al área genital y la separación forzosa de las piernas. Finalmente, se explorará el área genital y anal para identificar desgarros, equimosis o inflamaciones.

¿Qué características tienen las lesiones físicas más frecuentes que se encuentran en este tipo de reconocimientos?

Las lesiones presentes en los casos de agresión sexual suelen darse en la zona extragenital y en la paragenital. Frecuentemente, corresponden a lesiones de naturaleza contusiva, como equimosis, hematomas, erosiones o escoriaciones, que se producen por el uso de las manos empleando fuerza y violencia. Menos frecuente es hallar lesiones en la región genital, y de existir suelen ser debidas al empleo de una violencia extrema, por tratarse de víctimas sin una vida sexual activa o por existir evidentes desproporciones anatómicas entre el agresor y la víctima.

¿Cómo se realiza la recogida de muestras biológicas?

Para recoger muestras para estudios biológicos, es necesario que la víctima otorgue su consentimiento. La recogida de unas muestras u otras del área genital estará condicionada por el relato de la víctima. Si manifiesta haber sufrido una agresión sexual por vía vaginal, se recogerán mediante hisopos estériles muestras del área genital vulvar, vaginal y cervical, mientras que, si manifiesta haber sufrido una agresión por vía anal, se procederá a recoger tomas del canal anal y de los márgenes anales. Si ha existido defensa con las uñas por parte de la víctima, además, se recortará la parte superior de estas para su envío o se tomarán muestras subungueales[79] con un hisopo. En todos los casos, se buscarán manchas de saliva, semen u otros fluidos

---

[79] De debajo de las uñas.

biológicos en la superficie corporal de la víctima, las cuales se recogerán con hisopos estériles humedecidos en suero salino, y se tratará de identificar la presencia de cabello o vello suelto, los cuales se recogerán de forma individual con pinzas y se introducirán en un sobre o bolsa de papel. Todas estas muestras se envían a los laboratorios genéticos pertinentes para realizar estudios biológicos y tratar de obtener ADN diferente al de la víctima con el que identificar al agresor.

¿Es necesario obtener una muestra biológica indubitada de la víctima?

Sí. Siempre que se realice una toma de muestras para identificar a un agresor de un delito contra la libertad sexual, es necesario que se obtenga una muestra biológica de la persona que ha sido agredida sexualmente. Esta muestra se denomina *muestra indubitada*, pues no cabe duda de que el ADN que se obtendrá será el de la víctima, y esto permitirá discriminar su ADN cuando se obtenga material genético en una muestra. La muestra de elección, por no resultar invasiva, es la saliva, con la que se obtienen células del epitelio bucal.[80] Para ello, se frota el interior de las mejillas con un hisopo seco, el cual es fundamental dejar secar a temperatura ambiente antes de cerrarlo, pues cerrarlo húmedo puede desencadenar un crecimiento bacteriano que degrade el material genético. En el caso de que la víctima haya sufrido una agresión sexual con eyaculación bucal, esta muestra no es válida como muestra indubitada, por lo que se deberá tomar una muestra de sangre de la víctima para obtener su material genético.

---

[80] El epitelio bucal es la capa de células que reviste la cavidad oral.

¿Cuándo se recogen muestras para estudios toxicológicos?

Se obtendrán muestras de sangre y de orina para su análisis cuando hay sospecha de que la víctima se encuentre en un estado de intoxicación por alcohol u otras drogas o de que se trata de una víctima de sumisión química.

¿Es necesario cumplimentar el documento de la cadena de custodia en los casos de recogida de muestras en diligencias de sospecha de agresión sexual?

Sí. Siempre debe cumplimentarse el documento de la cadena de custodia en el que se registran las muestras obtenidas, el recorrido realizado y las personas que han intervenido. De esta forma, se garantiza que tienen validez desde el punto de vista jurídico y legal.

¿En qué consiste la sumisión química?

Consiste en anular la voluntad de la víctima administrándole sustancias psicoactivas, sin su conocimiento, con el fin de cometer actos delictivos.

¿Cuáles son las principales sustancias empleadas en la sumisión química?

Entre las principales sustancias empleadas, se encuentran las siguientes: alcohol etílico, benzodiazepinas, cocaína, gamma-hidroxibutirato (conocido como GHB), escopolamina o ketamina.

¿Qué propiedades poseen los compuestos usados en la sumisión química?

Estas sustancias químicas suelen ser:

- De actuación rápida y efecto breve.
- Incoloras, inodoras e insípidas.
- Eficaces a dosis bajas.
- De metabolización muy rápida, por lo que su constatación analítica solo puede hacerse precozmente.
- Capaces de disminuir el nivel de conciencia y de generar amnesia.

20

El informe pericial médico

¿Qué es la prueba pericial?

Cuando en un procedimiento judicial se presentan algunas cuestiones de difícil apreciación por parte del juzgador, se recurre a quien tiene los conocimientos técnicos especiales con el fin de aclarar o dar luz sobre las cuestiones controvertidas. La persona que posee dichos conocimientos recibe el nombre de *perito* y la manifestación realizada por este se denomina *prueba pericial*. Así, la prueba pericial es un medio de prueba en virtud del cual una persona ajena al proceso aporta sus conocimientos especializados o técnicos para que el juez valore mejor la naturaleza de los hechos o elementos objeto de prueba.

¿El resultado del informe pericial es vinculante para la decisión del juez o tribunal?

No, aunque lo habitual es que los jueces y tribunales sigan las indicaciones o conclusiones de los informes, especialmente cuando ciertas condiciones y cualidades concurren en los informes de varios autores.

¿Cuáles son las condiciones formales que debe tener un perito?

En primer lugar, ha de tener la capacidad para serlo, la cual viene dada por la posesión de los conocimientos técnicos de interés en el proceso. Por otro lado, ha de poseer también la legitimación suficiente, que deriva del nombramiento en forma legal sin que concurran causas de recusación. Finalmente, también debe aceptar el nombramiento ante el juez.

¿Cuáles son las cualidades personales para ser un buen perito?

Un buen perito ha de intervenir siempre con objetividad, imparcialidad, veracidad, moderación y prudencia en la elaboración de la prueba, en la discusión de las consideraciones y en la interpretación de sus resultados. Además, es conveniente que posea las nociones jurídicas suficientes que le permitan conocer el lugar en el que se desenvuelve su pericia y el objetivo último de su labor, que no es otro que el de asesorar a la Administración de Justicia en las materias propias de su saber y entender.

¿Cómo se confecciona el informe pericial médico?

La redacción del informe debe seguir una serie de recomendaciones formales y otras de contenido. Respecto a la forma, la presentación ha de ser correcta, con un orden adecuado, un estilo claro y conciso y un lenguaje sin excesivos tecnicismos científicos, ya que va dirigido a personas desconocedoras de la terminología y ciencia médica. En cuanto al fondo, tiene que seguir un método, que en el caso del informe pericial médico será el método científico. El perito debe poseer conocimientos jurídicos que faciliten su comprensión y evitar los denominados *silencios del informe* y *ruidos del informe*. Además, tras la comprobación de los criterios de causalidad medicolegal, tiene que establecer la relación causal con los datos objetivos con los que cuente. A veces, puede basar su propia convicción sobre elementos presuntivos sobre los que realiza el juicio lógico-deductivo, pero esos elementos han de ser precisos y concordantes.

¿Cuáles son las partes del informe pericial?

El informe pericial debe tener una forma determinada, así como unas características propias de fondo o contenido que, aunque no son normas rígidas, sí es conveniente tener en cuenta y ajustarse a ellas lo máximo posible. Consta de seis apartados fundamentales:

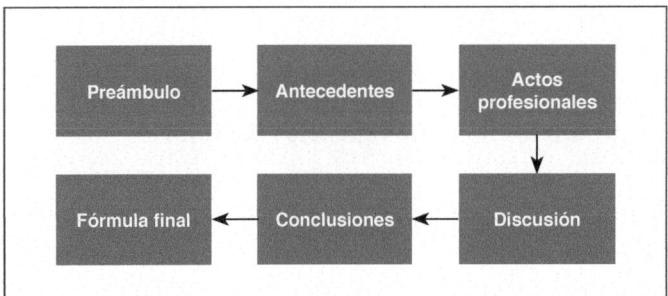

1) Preámbulo o encabezamiento: recoge los datos del perito, de la persona o autoridad que solicita el informe, el objeto del informe y las fechas y lugares de los exámenes realizados.

2) Antecedentes del sujeto sometido a investigación pericial: recoge antecedentes personales y familiares del sujeto peritado, la descripción del hecho concreto y la cronología de su evolución, el relato desde el punto de vista del propio sujeto y la información de otros testimonios o documentos que consten en las actuaciones judiciales y que sean relevantes para el caso concreto.

3) Actos profesionales realizados por el perito: refleja los hallazgos de los reconocimientos realizados al sujeto, así como las exploraciones complementarias.

4) Discusión o consideraciones medicolegales: es la parte más compleja y específica del informe pericial, por lo que requiere claridad y simplicidad de estilo. Sintetiza todos los datos recogidos y su razonamiento lógico-deductivo, capaz de atribuir a un determinado hecho los resultados; es decir, establece la relación de causalidad.

5) Conclusiones: es la parte final del informe derivada del apartado anterior. Incluye las conclusiones, que deberán aparecer numeradas y ser claras, concisas y objetivas.

6) Fórmula final: es el cierre del informe y recoge el lugar, la fecha y la firma de los peritos.

¿Qué son los llamados *silencios del informe*?

En el aspecto material del informe, se cometen con bastante frecuencia una serie de errores no intencionales que conviene tener presentes a fin de evitarlos. Podemos distinguirlos en errores por defecto y errores por exceso. Dentro de los errores por defecto, se encuentran los llamados *silencios del informe*, como la omisión en el informe de algunos hechos significativos e importantes en relación con el objeto de la pericia;

por ejemplo, establecer conclusiones sin basarse en discusiones o consideraciones previas medicolegales o establecer conclusiones no fundamentadas en elementos objetivos y contrastados, sino en meras declaraciones u otros elementos aportados a la causa sin ser hechos probados.

¿Qué se entiende por *ruidos del informe*?

En el polo opuesto de los errores del informe, se encuentran los llamados *ruidos*, que se dan cuando se produce un exceso en el contenido del informe por abordar temas que o bien no han sido solicitados en el objeto de la pericia, o bien salen de la esfera o campo profesional del perito, invadiendo las competencias de otros profesionales.

¿Cuándo interviene el perito médico forense en el juicio oral?

La Ley de Enjuiciamiento Criminal define el dictamen pericial, tanto escrito como oral, que efectúa el profesional. Es habitual que en el juicio oral solo intervenga el médico forense, que responderá a las preguntas planteadas por el juez, la defensa, la acusación particular y el Ministerio Fiscal. En caso de delitos que se instruyen por el procedimiento de sumario, el dictamen medicoforense debe ser ratificado por un segundo médico forense que intervenga en el caso. En ocasiones, cuando han intervenido varios peritos respecto del mismo asunto, en el juicio son llamados conjuntamente y se suelen confrontar los contenidos de sus respectivos informes. Esto provoca discusiones periciales por discrepancias o puntualizaciones respecto del contenido de la pericia entre los distintos informantes, pero no ha de ser interpretado como un enfrentamiento personal, sino como una posibilidad de aclarar mejor las cuestiones planteadas, sobre las que el tribunal recibe ilustración suficiente para resolver adecuadamente el conflicto.

¿Cómo actúa el perito durante su comparecencia en el juicio oral?

El médico forense y todos los peritos que comparezcan en la sala deben jurar o prometer decir la verdad en el acto del juicio. A continuación, se les pide que se ratifiquen en el contenido del informe emitido, con lo que el informe escrito adquiere la categoría de prueba oral sin tener que leerlo en el acto del juicio. En el supuesto de que no hagan una ratificación completa, pueden especificar qué partes merecen una modificación o aclaración, lo cual suele suceder por errores de trascripción. Una vez ratificado, comienza la petición de explicaciones y aclaraciones del informe por las diferentes partes presentes en la sala, llegando incluso a tener que responder sobre cuestiones que no constan expresamente en el informe escrito, pero que tienen relación con el objeto de la pericia.

¿Cómo ha de comportarse el perito en el juicio oral?

Además de la defensa del informe, el perito ha de saber actuar ante el tribunal de forma adecuada. Para ello, es necesario tener presentes algunas pautas de comportamiento, tales como hablar y exponer la pericia en un lenguaje claro y comprensible para las personas a las que va destinado, huyendo de los tecnicismos excesivos. Asimismo, hay que responder a las partes manteniendo el rigor y la seriedad profesional, entendiendo que las preguntas no son un ataque a su profesionalidad, sino que forman parte de las estrategias de las partes en su posición en el proceso y que, en todo caso, será el tribunal quien establezca los límites de lo procedente o inadmisible. Además, el perito ha de actuar de acuerdo a sus conocimientos y a la valoración de los hechos según su leal saber y entender, plasmando en su actuación aquello que pueda probar o demostrar para acercarse lo más posible a la verdad, con sentido autocrítico y reconociendo sus propios límites.

21 Toxicología forense

¿Qué es un tóxico?

Es aquella sustancia química que, al introducirse en el organismo a una determinada concentración, actúa provocando efectos nocivos e incluso el fallecimiento.

¿Es lo mismo hablar de tóxico que de veneno?

En términos generales, se reserva el vocablo *veneno* para hacer referencia a aquellos tóxicos que se emplean con una finalidad criminal.

¿Qué es una intoxicación?

Es el conjunto de efectos nocivos que se producen en el organismo como consecuencia de la presencia de un tóxico.

¿Cómo se clasifican los tóxicos?

Existen varios criterios de clasificación de los tóxicos, entre los que distinguimos los siguientes: según sea su estado físico, pueden ser sólidos, líquidos o gaseosos; según sea su origen, pueden tener procedencia animal, vegetal o mineral, y, según sea el nivel de toxicidad, pueden ser nocivos, tóxicos o muy tóxicos.

¿Cómo se clasifican las intoxicaciones?

Los principales criterios que nos permiten clasificar las intoxicaciones son los que siguen:

- Intensidad de los daños.
- Sistema u órgano sobre el que actúa.
- Tipo de efectos.
- Tiempo de aparición de los efectos.

¿Qué tipo de intoxicaciones se distinguen atendiendo a la intensidad de los daños producidos?

Según la magnitud de los efectos nocivos que se produzcan, las intoxicaciones pueden ser leves, moderadas o severas. En las intoxicaciones leves, los síntomas son transitorios y desaparecen de forma espontánea; en las moderadas, la sintomatología que presenta el paciente reviste importancia y los efectos son más prolongados, y, en las severas, los síntomas son muy graves, llegando incluso a comprometer la vida del sujeto intoxicado.

¿Cuáles son los sistemas u órganos sobre los que actúan los tóxicos?

Según la composición y las propiedades fisicoquímicas de los tóxicos, estos actuarán sobre unos sistemas u órganos concretos, entre los que se encuentran el aparato digestivo, el sistema respiratorio, el sistema nervioso, el sistema cardiovascular, el hígado, los riñones, la sangre, el sistema muscular, la piel o los ojos.

¿Qué tipos de efectos tienen los tóxicos en el organismo?

Las manifestaciones derivadas de la actuación de los tóxicos sobre el organismo dependen de la persistencia de su efecto y de su extensión. Atendiendo al primer criterio, se distinguen los efectos reversibles y los irreversibles, según si el efecto desaparece al cesar la exposición al tóxico o si el efecto perdura a pesar de cesar la exposición. Según la extensión de los efectos, se distingue entre intoxicaciones con efectos locales y con efectos sistémicos. En el caso de las intoxicaciones con efectos locales, los síntomas de la intoxicación son consecuencia de la actuación del tóxico en una región concreta, mientras que en las sistémicas se produce una distribución del tóxico por todo el organismo, actuando de forma generalizada.

Según la evolución de los efectos, ¿qué tipo de intoxicaciones hay?

Las intoxicaciones pueden ser agudas, cuando los síntomas aparecen en menos de veinticuatro horas desde la intoxicación; subagudas, cuando los síntomas tardan en aparecer varios días e incluso semanas, y crónicas, cuando los efectos se manifiestan al cabo de años.

¿Los fallecimientos por intoxicaciones se consideran naturales o violentos?

Los fallecimientos por intoxicaciones son fallecimientos violentos porque una muerte violenta es aquella que se produce por agentes traumáticos o tóxicos ajenos al organismo. Por ello, en los casos de intoxicaciones que provoquen el fallecimiento, se debe realizar la autopsia judicial.

¿Qué etiología medicolegal pueden presentar las intoxicaciones?

Las intoxicaciones pueden responder a una etiología medicolegal accidental, autolítica, homicida y de suplicio. Las accidentales son frecuentes en el ámbito doméstico, sobre todo cuando un niño entra en contacto con productos de limpieza o medicamentos. Las autolíticas suelen producirse por ingestas de medicamentos, insecticidas y herbicidas, estas últimas más frecuentes en el ámbito rural. En el caso de intoxicaciones homicidas, las sustancias tóxicas empleadas suelen presentar unas propiedades comunes, como ser de fácil adquisición, ser insípidas, inodoras e incoloras, producir efectos a bajas dosis, administrarse por vía digestiva y dar lugar a síntomas compatibles con enfermedades comunes. Dentro de las intoxicaciones de suplicio, se incluye el empleo de la inyección letal con sustancias tóxicas, como ocurre en la pena capital.

¿Qué es la toxicocinética?

Es el recorrido que realiza un tóxico desde que se incorpora al organismo hasta que es eliminado. Las fases del recorrido son las siguientes: absorción, cuando penetra por la vía de entrada hasta alcanzar la sangre; distribución, cuando se reparte por la sangre a las células de los órganos donde actúa el tóxico; metabolización o biotransformación, en la que el tóxico es modificado en el hígado a otras moléculas más sencillas, formándose en muchas ocasiones moléculas que carecen de actividad tóxica, y eliminación, en la que el tóxico es expulsado del organismo.

¿Cuáles son las principales vías de entrada de los tóxicos al organismo?

Las principales vías de entradas de los tóxicos son la vía respiratoria, típica de gases y vapores, que suelen dar lugar a intoxicaciones accidentales; la vía digestiva, que es la más común en intoxicaciones autolíticas y homicidas, y la vía cutánea, que generalmente da lugar a intoxicaciones accidentales por sustancias tóxicas liposolubles,[81] es decir, que se absorben a través de la piel. El acceso por una vía u otra depende de factores como la forma de presentación del tóxico y sus propiedades fisicoquímicas.

¿Por qué otras vías de entrada menos frecuentes penetran los tóxicos en el organismo?

Otras vías por las que se pueden absorber tóxicos son la intranasal, la ocular, la rectal, la subcutánea, la intravenosa y la muscular. Tanto en la vía muscular como en la intravenosa y en la subcutánea, la introducción del tóxico se realiza aplicando una inyección en diferentes planos; por ejemplo, en el tejido muscular, el interior del sistema venoso o el tejido celular subcutáneo, respectivamente. Estas tres últimas vías corresponden a lo que se denomina *vía parenteral*, por medio de la cual el tóxico atraviesa la piel y se deposita directamente en la sangre o en otros tejidos, desde donde difunde al torrente sanguíneo.

---

[81] Sustancias que poseen la propiedad de disolverse en un medio graso.

¿Cuáles son las vías de eliminación de los tóxicos?

Los tóxicos y sus metabolitos obtenidos en la fase de biotransformación podrán expulsarse al exterior mediante diversas vías: la bilis (vía hepática), el aire espirado (vía respiratoria), la orina (vía urinaria), el sudor (las glándulas sudoríparas), la saliva (las glándulas salivares), las lágrimas (las glándulas lacrimales), la leche materna (las glándulas mamarias) y el pelo. La forma de eliminación está íntimamente relacionada con la vía de absorción del tóxico y con sus propiedades fisicoquímicas.

¿Qué se entiende por toxicodinamia?

Se trata del conjunto de efectos que tienen lugar en el organismo como consecuencia de la interacción de las moléculas del tóxico con los receptores celulares. Ello se traduce en las manifestaciones clínicas que se originan por la acción del tóxico, que son específicas de este.

¿De qué factores depende que un mismo tóxico produzca efectos nocivos o que estos sean de diversa intensidad?

Los efectos derivados de la acción de los tóxicos vienen determinados por los siguientes aspectos: la dosis administrada, factores individuales del sujeto y factores relacionados con la exposición. En relación con la dosis, cuanto mayor sea, mayor será la toxicidad, aunque no siempre existe una relación lineal. Entre los factores individuales, están la edad, el sexo del sujeto o las enfermedades que presente. Y, entre los factores relacionados con la exposición, se encuentran la vía de administración del tóxico y la duración de la exposición.

22 Drogas de abuso

¿Qué es una droga?

Una droga es una sustancia psicoactiva que actúa sobre el sistema nervioso central (SNC)[82] de un sujeto produciendo efectos en su esfera psíquica. Su consumo se asocia al desarrollo de dependencia, tolerancia y abstinencia.

¿Qué se entiende por tolerancia a una sustancia?

La exigencia de ir incrementando a lo largo del tiempo la dosis de una sustancia ingerida para conseguir el mismo nivel del efecto perseguido.

---

[82] El sistema nervioso está formada por el sistema nervioso central (SNC) y el sistema nervioso periférico (SNP). El sistema nervioso central lo integran el encéfalo y la médula espinal.

¿Qué es la dependencia?

La dependencia supone la imperiosa necesidad de seguir consumiendo la sustancia para continuar con las actividades cotidianas y evitar la aparición de un cuadro de abstinencia.

¿Qué tipos de dependencia hay?

La dependencia puede ser psicológica o física. La psíquica es aquella motivada por el deseo irresistible de un nuevo consumo de la droga, también llamado *craving*,[83] y predominan los síntomas ansiosos y la irritabilidad. Este tipo de dependencia no genera síndrome de abstinencia. La dependencia física cursa con manifestaciones clínicas derivadas de la interacción entre la droga y los receptores del organismo, las cuales dependerán del tipo de droga.

¿Qué es el síndrome de abstinencia?

Es el conjunto de signos y síntomas físicos y psíquicos que aparecen cuando un sujeto adicto a una determinada droga deja de consumirla. Tanto el tiempo de aparición como las manifestaciones clínicas dependen del tipo de droga.

¿Cuáles son los síndromes de abstinencia más vinculados a hechos delictivos para conseguir obtener la droga, debido a que generan una fuerte e importante necesidad de consumo?

Los cuadros de síndrome de abstinencia más vinculados con la comisión de hechos delictivos son los siguientes:

---

[83] Deseo irrefrenable de consumir la sustancia tóxica.

- El síndrome de abstinencia a opioides (entre los que se encuentran la heroína, la morfina y el fentanilo). Suele cursar con agitación, *craving*, escalofríos, piloerección, lagrimeo, vómitos, hipertensión, taquicardia y sudoración.
- El síndrome de abstinencia a cocaína (aparece más frecuentemente en la adicción al *crack*, derivado de la cocaína que se consume por vía nasal). Se presenta generalmente con irritabilidad, inquietud, agitación, malestar general y fatiga.

¿Cómo se clasifican las drogas?

Uno de los principales criterios de clasificación son los efectos que producen estas sustancias sobre el sistema nervioso central:

- Drogas estimulantes: dan lugar a una activación excesiva del SNC, actuando fundamentalmente en los receptores dopaminérgicos y noradrenérgicos. Las principales drogas que pertenecen a este grupo son la cocaína, las anfetaminas, las metanfetaminas y las catinonas.
- Drogas depresoras: generan una disminución de la actividad del SNC mediante la activación de receptores gabaérgicos o de vías inhibitorias neurológicas. Las más comunes son el alcohol, el cannabis, los opioides, los ansiolíticos, los hipnóticos y los disolventes volátiles.

¿Qué efectos producen las drogas estimulantes en el organismo?

La activación producida por las drogas estimulantes genera cuadros de hiperalerta, euforia, agitación, hiperactividad, taquicardia, hipertensión, midriasis[84] y vasoconstricción generalizada.[85] La vasoconstricción es la responsable de los infartos de miocardio e infartos cerebrales como consecuencia del consumo.

¿Qué manifestaciones clínicas tiene el consumo de drogas depresoras?

Las drogas depresoras producen disminución del nivel de conciencia, como somnolencia o estupor, disminución de la atención, hipoactividad, bradicardia, hipotensión, miosis[86] y depresión respiratoria. La depresión respiratoria consiste en una reducción de la frecuencia respiratorias, lo que, unido a la disminución del nivel de conciencia, puede desencadenar el fallecimiento del sujeto.

¿Qué son las drogas alucinógenas?

Son drogas que, ya sean estimulantes o depresoras, producen alteraciones de la percepción de la realidad en forma de alucinaciones. En ocasiones, pueden darse episodios psicóticos de origen tóxico en el contexto del consumo de estas sustancias, con delirios y alucinaciones. Las principales drogas que poseen efectos alucinógenos son el ácido lisérgico (LSD), el 3,4-metilendioximetanfetamina o MDMA (conocido como *éxtasis*), el cannabis, la mescalina y la fenciclidina.

---

[84] Dilatación de la pupila.

[85] Se produce una disminución del flujo sanguíneo por reducción del calibre de los vasos sanguíneos.

[86] Contracción de la pupila.

¿Qué son las drogas emergentes?

Son sustancias de reciente aparición, la mayoría de origen sintético, que poseen efectos psicotrópicos y se emplean con fines lúdicos. Son las llamadas *drogas de diseño*. Generalmente, no están incluidas en las listas de sustancias psicotrópicas y por tanto no se pueden considerar ilegales. A este grupo, pertenecen una amplia cantidad de sustancias entre las que se encuentran las piperazinas, las catinonas sintéticas, la ketamina, la droga *spice* o cannabinoide sintético y el ácido gamma-hidroxibutírico (GHB), también conocido como *éxtasis líquido*.

¿Cuáles son las principales vías de consumo de las drogas?

La forma de administración dependerá del tipo de droga y de sus propiedades fisicoquímicas:

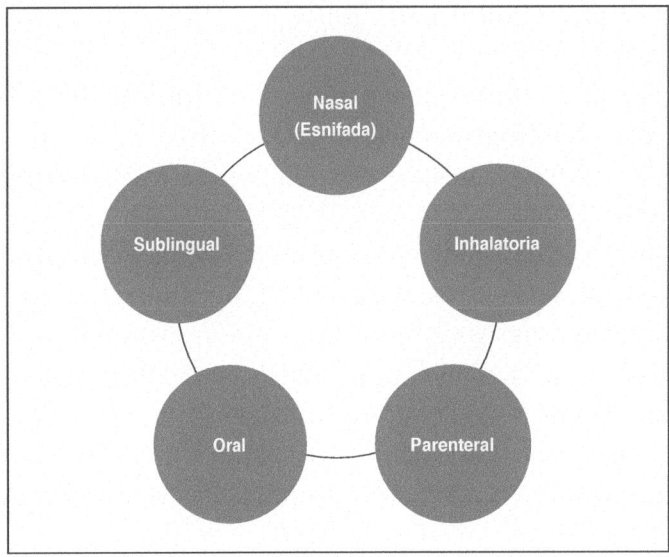

- Vía nasal (esnifada): se introduce la droga por la cavidad nasal mediante la aspiración.
- Vía inhalatoria: se administra la droga a los pulmones mediante la inspiración. Corresponde a drogas que se fuman.
- Vía parenteral: consiste en administrar la droga mediante una inyección que atraviesa la piel. En la mayoría de los casos, la aplicación es intravenosa.
- Vía oral: se consume por la boca, pasa al aparato digestivo y se absorbe en el estómago o el intestino.
- Vía sublingual: la droga se coloca debajo de la lengua, donde se absorbe y pasa directamente a los vasos sanguíneos.

Independientemente de la vía de entrada, todas las drogas alcanzarán el torrente sanguíneo y llegarán al sistema nervioso central, donde ejercerán sus efectos psicoactivos.

¿Las personas con dependencia alcohólica presentan síndrome de abstinencia cuando dejan de consumir alcohol?

Sí. Las manifestaciones clínicas más frecuentes del síndrome de abstinencia al alcohol son náuseas, vómitos, agitación, convulsiones, taquicardia, hipertensión, irritabilidad y debilidad. En algunas ocasiones, este síndrome de abstinencia se presenta mediante el denominado *delirium tremens*,[87] el cuadro clínico de mayor gravedad que hay, que a veces provoca el fallecimiento. Cursa con disminución del nivel de conciencia, temblores, alteraciones del pensamiento en forma de delirios y alteraciones de la percepción con alucinaciones. En la mayoría de los casos, se trata de alucinaciones visuales

---

[87] Expresión latina que significa 'delirio tembloroso'.

denominadas *microzoopsias*, consistentes en ver animales pequeños, como insectos.

¿Cuál es la intervención del médico forense en relación con la drogodependencia?

En el ámbito del consumo de tóxicos, la participación del médico forense suele tener especial relevancia en tres momentos del proceso penal:

a) La fase de detención.
b) La fase de instrucción.
c) La fase de cumplimiento de la condena.

¿Cuál es la forma de actuar del perito médico en la fase de detención?

Cuando se procede al reconocimiento de un detenido, con el objeto de informar sobre la influencia de las drogas en el hecho ilegal presuntamente cometido, hay que seguir los siguientes pasos: en primer lugar, proceder a la recogida de la información; a continuación, realizar la entrevista personal, el reconocimiento, la valoración del sujeto y la toma de muestras biológicas, y, finalmente, redactar el informe pericial con todos los datos anteriores.

¿Qué tipo de información previa debe recogerse?

Hay que recoger toda la información posible sobre el estado del sujeto en el momento de su detención y durante su estancia en la comisaría, conocer si ha recibido algún tipo de asistencia médica y si se le ha administrado algún fármaco, averiguar si se le ha hecho algún análisis para detectar drogas y en qué momento, así como informarse sobre posibles tratamientos previos o actuales en centros de tratamiento.

¿Cómo se lleva a cabo la entrevista?

Se comienza con la entrevista personal, procurando realizarla en un ambiente tranquilo y aislado, evitando las prisas e interrupciones. Se debe mantener una actitud neutra y receptiva, evitando opiniones y valoraciones morales sobre el modo de vida y comportamiento del explorado y entendiendo que puede estar angustiado, desmoralizado e inseguro, lo que se puede traducir en expresiones defensivas o desafiantes. Lo más recomendable es seguir algún protocolo exhaustivo para evitar omisiones.

¿Cómo se realiza el reconocimiento médico al sujeto detenido que presente una dependencia a sustancias tóxicas?

En la exploración realizada, conviene prestar especial atención a su actitud, contacto con la realidad y nivel de conciencia y de orientación, así como a la motricidad, capacidad de juicio y control de impulsos. Además, hay que realizar una exploración física amplia con el fin de objetivar estigmas de consumo, signos y síntomas de intoxicación o abstinencia y otras posibles alteraciones orgánicas.

¿Qué análisis de drogas se realizan en esta fase inicial?

Antes de la toma de muestras biológicas, hay que pedir el consentimiento al sujeto. Se suele obtener una muestra de orina para determinar el consumo de tóxicos reciente.

Es frecuente realizar, inicialmente, pruebas de cribado o de *screening* de la muestra obtenida para conocer el tipo de tóxico consumido y, posteriormente, un análisis cualitativo y cuantitativo de confirmación para establecer el tóxico exacto y la cantidad en la que aparece.

¿Qué elementos se valoran en el informe pericial médico realizado a sujetos consumidores o con dependencia a sustancias tóxicas que se encuentren detenidos?

El informe médico deberá responder a las siguientes cuestiones:

- La situación del consumidor detenido en el momento de ser puesto a disposición judicial, relatando si presenta un cuadro de síndrome de abstinencia o un estado de intoxicación.
- El resultado del reconocimiento y de la valoración psicofísica.
- Si ha sido necesaria la aplicación de algún tratamiento, explicando cuál y el porqué de su aplicación.
- Si se debe trasladar a algún centro sanitario y el motivo de su traslado.
- La existencia de antecedentes en centros de tratamiento, indicando si está en tratamiento actualmente, si lo ha abandonado o si ha recaído en el consumo de sustancias.

¿En qué circunstancias relacionadas con sujetos consumidores de sustancias tóxicas puede intervenir el médico forense en la fase de instrucción de un procedimiento penal?

Generalmente, el médico forense interviene durante la fase de instrucción judicial en dos situaciones. La primera de ellas es en el caso de que un sujeto esté siendo investigado en el seno de un procedimiento judicial y alegue que ha cometido el delito por su adicción a drogas. En este supuesto, el reconocimiento medicoforense se realiza para determinar si queda acreditada su dependencia a estas sustancias y es de gran importancia que se realice una buena exploración, lo que, junto con el examen de la documentación médica que el sujeto aporte relacionada con tratamientos realizados para su adicción o ingresos en centros terapéuticos, permitirá al médico forense concluir si existe una dependencia a drogas y su grado.

La segunda de ellas es en el caso de que se sospeche que un sujeto que ha cometido un delito se encuentra bajo los efectos de una intoxicación por sustancias psicoactivas o en un estado de abstinencia por su adicción a sustancias. En este caso, deberá ser sometido a un reconocimiento medicoforense para determinar, con base en la exploración física, la exploración psíquica y los antecedentes, si realmente se da algunas de estas dos circunstancias.

En ambas situaciones, son fundamentales los análisis toxicológicos para la detección de drogas, tanto si se trata de consumo agudo como crónico.

¿Qué cuestiones deben valorarse en el informe medicoforense solicitado en la fase de instrucción en relación con un investigado que presente un consumo o una adicción a sustancias tóxicas?

En la fase de instrucción, el informe médico suele ser solicitado para preparar la causa en el juicio oral, bien por falta de informes en el momento de la detención, bien para ampliar otros extremos respecto al encausado.

Las cuestiones que se abordan en el informe tratan de responder a los objetivos principales que se persiguen con el informe médico forense, que son los siguientes:

- El estudio y apreciación de la situación del drogodependiente en el momento en que este nuevo informe se solicita.
- La modificación de la situación del detenido respecto al momento de la detención.
- La proposición de posibles medidas terapéuticas.
- La valoración de la relación de causalidad entre el consumo de tóxicos y la responsabilidad criminal.

¿Qué importancia tiene la intervención del médico forense en cualquiera de las circunstancias anteriores?

La importancia de esta prueba pericial radica en que, de confirmarse la existencia de alguna de estas tres circunstancias (grave adicción, intoxicación o síndrome de abstinencia) por parte del médico forense, el juzgador podría establecer un atenuante de la responsabilidad criminal o una eximente, acorde a lo recogido en el Código Penal, y aplicar la correspondiente medida de seguridad de internamiento en un centro de deshabituación o de seguimiento de tratamiento médico externo en un centro adecuado.

¿En qué circunstancias relacionadas con sujetos consumidores de sustancias tóxicas puede intervenir el médico forense en la fase de ejecución de la sentencia?

Según se recoge en el Código Penal, si un sujeto comete un hecho delictivo debido a su drogodependencia y, por ello, se le ha impuesto el cumplimiento de una pena no superior a cinco años, el juzgador podrá acordar la suspensión de la pena privativa de libertad si el sujeto condenado se encuentra deshabituado del consumo de drogas o sometido a tratamiento para ello en el momento de acordar la suspensión. En este caso, será el médico forense el que, tras la exploración del sujeto y el examen de la documentación clínica en relación con los tratamientos de deshabituación recibidos, informe al juzgador sobre si se encuentra abstinente del consumo de drogas o si se encuentra en tratamiento para ello.

¿Con qué finalidad se solicita en la fase de ejecución de sentencia el informe médico forense sobre sujetos drogodependientes que han cometido un delito?

En la fase de cumplimiento de condena, el informe suele ser solicitado para valorar el estado del drogodependiente, su pronóstico y las posibilidades terapéuticas, así como para informar sobre el estado y evolución del tratamiento alternativo a la prisión y sobre las incidencias del tratamiento, como su abandono o el incumplimiento de las obligaciones impuestas.

¿Cuáles son las muestras biológicas idóneas para determinar que un sujeto se encuentra en un estado de intoxicación?

Las principales muestras biológicas son la sangre y la orina. La más empleada en el ámbito judicial es la muestra de orina, pues la obtención de una muestra de sangre es un procedimiento invasivo. Los beneficios de la toma de una muestra de orina son que no es un procedimiento invasivo, es rápido y permite detectar metabolitos de múltiples drogas, generalmente hasta varios días después de su consumo.

**¿Cuál es la muestra biológica idónea para acreditar
que un sujeto presenta un consumo habitual
o crónico de una determinada droga?**

La muestra de cabello es la muestra de elección para
acreditar si existe un consumo continuado de un tipo
de droga. El análisis del cabello se utiliza en estos casos,
puesto que, desde la sangre, las drogas pasan al cabello, donde se depositan y permanecen hasta que este se
corte o se caiga. Además, mediante el estudio toxicoló-
gico del cabello, se conocerá el patrón cronológico de
consumo, si el consumidor habitual ha cesado su consumo a partir de algún momento concreto y el periodo
de tiempo desde el que no consume, lo cual se calcula
a partir de la constante de crecimiento del pelo, que se
establece en una media de un centímetro al mes.

23 Estudio medicolegal de la intoxicación alcohólica

¿Qué es la embriaguez?

Es el conjunto de fenómenos psíquicos y físicos característicos de la intoxicación aguda por determinadas sustancias, principalmente el alcohol, que actúan sobre el sistema nervioso central.

¿Qué castiga el Código Penal respecto del conductor intoxicado?

El Código Penal, en su artículo 379.2, dentro de los delitos contra la seguridad vial, castiga como delito la conducción bajo la influencia del alcohol, drogas tóxicas, estupefacientes o sustancias psicotrópicas; es decir, la norma legal se centra en el estado psicofísico del sujeto que conduce bajo el influjo de una sustancia tóxica. En su acepción coloquial, conducir bajo la influencia del alcohol es el llamado *delito de alcoholemia*.

¿Cómo contempla el Código Penal la conducción respecto de las tasas de alcoholemia?

En los supuestos del consumo de alcohol etílico (etanol), está demostrado científicamente la relación entre la cantidad de alcohol absorbida por el organismo y su influencia en el sujeto, lo que permite establecer una correlación entre las tasas de alcohol en sangre y el estado de afectación psicofísica del sujeto. Como consecuencia, se considera que el sujeto se encuentra bajo la influencia de bebidas alcohólicas cuando alcanza determinadas tasas de alcohol en sangre. Por ello, el Código Penal, en su art. 379.2, contempla como delito de conducción bajo la influencia del alcohol la detección en el sujeto de tasas de alcohol superiores a 0,6 mg/l en aire espirado o de 1,2 gr/l en sangre, con independencia de que se le realicen pruebas clínicas de su estado psicofísico de impregnación, pues se presume que con esas cifras se encuentra intoxicado. Para evitar que la no realización de las pruebas de detección alcohólica impida conocer la tasa de alcoholemia, el Código Penal castiga de la misma forma en su artículo 183 la negativa al sometimiento a las pruebas establecidas.

¿Siempre castiga el Código Penal la intoxicación del sujeto?

No siempre encontrarse en estado de intoxicación supone un delito o una agravación de una sanción, pues también el Código Penal contempla la embriaguez en su artículo 21 como atenuante, e incluso en su artículo 20 como eximente de la responsabilidad criminal, al establecer que está exento:

> El que, al tiempo de cometer la infracción penal se halle en estado de intoxicación plena por el consumo de bebidas alcohólicas, drogas tóxicas, estupefacientes, sustancias

psicotrópicas u otras que produzcan efectos análogos, siempre que no haya sido buscado con el propósito de cometerla o no se hubiese previsto o debido prever su comisión, o se halle bajo la influencia de un síndrome de abstinencia, a causa de su dependencia de tales sustancias, que le impida comprender la ilicitud del hecho o actuar conforme a esa comprensión.

Son las denominadas *atenuantes* o *eximentes analógicas*, aplicadas en aquellos supuestos de comisión de delictiva por sujetos drogodependientes graves.

¿Cómo se sanciona la conducción estando intoxicado en el Reglamento de Circulación?

De forma general, se sanciona a los conductores de vehículos a motor y bicicletas con tasas de alcohol en sangre superiores a 0,5 gr/l o en aire espirado superiores a 0,25 mg/l. Este reglamento también establece las circunstancias especiales en conductores de vehículos de mercancías, de viajeros, de servicios públicos, de menores, de mercancías peligrosas o de urgencia y de transportes especiales, e incluso en conductores noveles (durante los dos primeros años de carné), en los cuales la cantidad de alcohol no podrá superar en sangre los 0,3 gr/l o en aire los 0,15 mg/l.

Además, con la actualización de 2022, los conductores menores de edad que conduzcan cualquier vehículo (patinete eléctrico, ciclomotor...) podrán ser sancionados si dan una tasa de alcohol mayor de 0,0 tanto en sangre como en aire espirado.

¿Cómo se absorbe el alcohol etílico?

Aunque las vías de absorción en el organismo son diversas, la más usual es la oral, que sigue un mecanismo de difusión simple, es decir, cumple la denominada *ley de Fick*. Según esta, la velocidad de difusión o de absorción depende de la cantidad de superficie de mucosa digestiva de contacto, de la diferencia de concentración a ambos lados y de una constante de difusión llamada *constante de etilabsorción* (K) y es inversamente proporcional al grosor de la membrana digestiva, es decir, cuanto más espesor tenga la membrana digestiva, menos absorción tendrá lugar. Asimismo, es proporcional al tiempo de contacto y al flujo sanguíneo local, de modo que, cuanto más lento sea el vaciamiento gástrico y el tránsito intestinal y mayor irrigación sanguínea exista sobre el tubo digestivo, mayor será la cantidad de alcohol absorbido.

Así, la absorción en la boca y en el esófago es escasa, en el estómago alcanza el 20 % y en el intestino delgado, un 75-80 %, que es donde se realiza fundamentalmente.

¿Qué factores influyen en la absorción del alcohol?

Como se indica en la pregunta anterior, hay múltiples factores que influyen en la velocidad y en la cantidad de absorción del alcohol ingerido, aunque estos dependen de las siguientes circunstancias:

a) El acompañamiento de alimentos: cuando el estómago se encuentra vacío, se produce una absorción rápida (en unos veinte minutos), mientras que, si el estómago contiene alimentos, se produce una disminución de la velocidad de absorción (entre una y dos horas).

b) Las alteraciones patológicas digestivas que existan, pues hay entidades clínicas que suponen una alteración de la motilidad o de la irrigación[88] diges-

---

[88] Aporte de flujo sanguíneo.

tiva, lo que produce un aumento de la absorción del alcohol, como las gastritis crónicas, los episodios febriles o el estrés. Por el contrario, las náuseas, los vómitos, las situaciones de *shock* o los esfuerzos físicos reducen su absorción.

c) El tipo de bebida consumida: generalmente, cuanta mayor concentración alcohólica tenga la bebida, mayor será la velocidad de absorción, aunque en bebidas muy concentradas, por encima de 40°, se suele producir una irritación del esfínter pilórico,[89] lo que disminuye el vaciamiento del estómago y, como consecuencia, la cantidad absorbida. Por otro lado, si el alcohol se consume con bebidas gaseosas o a una temperatura elevada, la absorción será mayor.

¿Cómo se distribuye el alcohol en el organismo?

Una vez absorbido el alcohol, este pasa a la sangre y se distribuye en el interior del organismo, acumulándose en aquellos órganos que tienen una mayor proporción de agua, como el encéfalo. La hidrofilia[90] permite determinar el llamado *volumen de etildistribución* (Vd). A su vez, permite establecer la correlación teórica de los niveles de alcohol entre los diferentes tejidos. Por ejemplo, se ha resuelto que la relación entre el etanol en saliva y el etanol en sangre es de 1,08/1; así, es posible determinar las tasas de alcohol en saliva mediante un test y, siguiendo la correlación anterior, establecer la cantidad de alcohol en sangre. Actualmente, existen test semicuantitativos de alcohol en saliva, los cuales se usan como forma de determinación inocua de la alcoholemia por su validez, su sencillez en la toma y su

---

[89] El píloro es el esfínter que se sitúa entre el estómago y la primera porción del intestino delgado, llamada *duodeno*.

[90] Afinidad por el agua.

buena correlación entre los niveles de alcohol en sangre y en saliva. También se conoce la correlación del etanol en orina y en sangre, que es de 1,30/1, de forma que también pueden equipararse los datos obtenidos en orina con los niveles de alcohol en sangre.

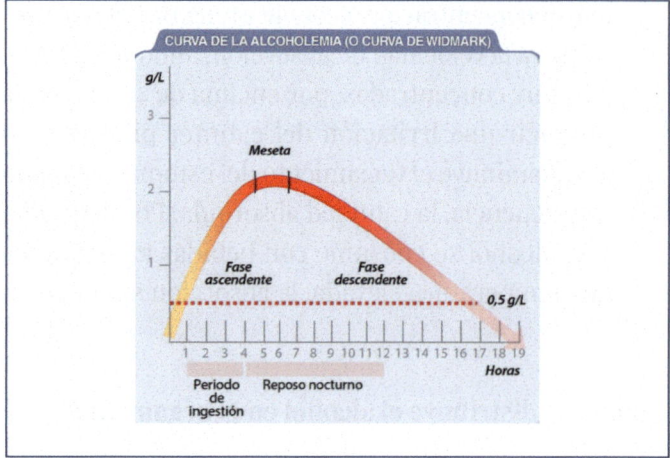

Figura 23.1. Curva de la alcoholemia. *Fuente:* Dirección General de Tráfico, 2022, <https://www.dgt.es/muevete-con-seguridad/evita-conductas-de-riesgo/consumo-de-alcohol/>.

¿Cómo se calcula la cantidad de alcohol en el organismo?

Una vez que el alcohol se distribuye por el organismo, puede establecerse un cálculo teórico de la alcoholemia *(C)* una vez alcanzada la fase máxima de absorción. El nivel de alcoholemia teórico alcanzado se determina mediante la siguiente fórmula matemática:

$$C^{91}(gr/l) = \frac{\text{Cantidad de alcohol consumida (gr)}}{\text{Peso del sujeto (kg)} \times Vd^{92} \text{ (l/kg)}}$$

---

[91] *C* es la cifra de alcoholemia teórica y se expresa en gramos de alcohol por litro de sangre.

[92] *Vd* es el volumen de distribución, el cual corresponde a 0,6 en mujeres y a 0,7 en varones.

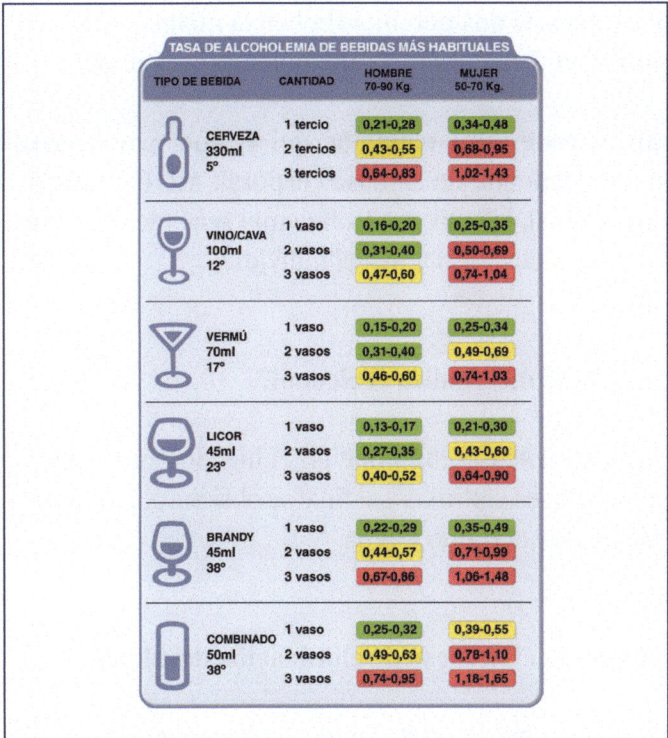

Figura 23.2. Tasa de alcoholemia según las bebidas más habituales. *Fuente:* Dirección General de Tráfico, 2022, <https://www.dgt.es/muevete-con-seguridad/evita-conductas-de-riesgo/consumo-de-alcohol/>.

¿Cómo se calcula la cantidad de gramos de alcohol de una bebida alcohólica?

Para calcular la cantidad de gramos de alcohol de una bebida, hemos de partir de la densidad del alcohol, que es 0,8. Si conocemos la graduación alcohólica de la bebida y la cantidad de bebida consumida, podemos conocer el total de gramos de alcohol consumido usando la siguiente fórmula:

$$\text{Gramos alcohol} = \frac{\text{Volumen alcohol (cc)}^{[93]} \times \text{graduación} \times \text{densidad del alcohol}^{[94]}}{100}$$

---

[93] Centímetros cúbicos.
[94] Volúmenes de alcohol o porcentaje de alcohol absoluto sobre el total de líquido.

Entonces, si dos personas beben la misma cantidad de alcohol, ¿la alcoholemia será igual?

No, porque la distribución del alcohol por el organismo depende de la masa corporal. Así, con un consumo igual, la tasa de alcoholemia será menor cuanto más peso corporal tenga el individuo.

¿Cómo se metaboliza el alcohol?

El alcohol se descompone en el hígado por oxidación en tres fases distintas y al final se obtiene ácido acético, dióxido de carbono y agua.

¿Cómo es el proceso de eliminación del alcohol?

Aunque la mayor parte se metaboliza en el interior del organismo y se elimina por la bilis, hay un pequeño porcentaje que se excreta sin metabolizar a través de los pulmones, la orina, la saliva, el sudor y la leche materna. El eliminado por los pulmones es de alrededor de un 2 % y su detección es la base de las pruebas de aire espirado.

$$Co^{95} = Ct^{96} + B^{97} \times t^{98}$$

La velocidad de metabolización en condiciones normales es más o menos constante, lo que permite deter-

---

[95] *Co:* cifra de alcoholemia en un momento anterior, expresada en miligramo/litro.

[96] *Ct:* cifra de alcoholemia en el momento de la realización de la prueba, expresada en miligramo/litro.

[97] *B:* coeficiente de etiloxidación; 0,0025 en varones y 0,0026 en mujeres, expresado en gramo/litro por minuto.

[98] *t:* tiempo que ha transcurrido entre ambos momentos expresado en minutos.

minar el llamado coeficiente de etiloxidación (B), cuyo valor aproximado es de 0,0025 en varones y de 0,0026 en mujeres. Este coeficiente permite establecer el cálculo teórico de una alcoholemia en un momento anterior, siempre que dicha determinación se realice una vez absorbido todo el alcohol ingerido.

¿Qué es la unidad de bebida alcohólica estándar?

Como la variedad de bebidas y concentraciones alcohólicas es tan elevada, para intentar explicar o comprender en la práctica más fácilmente la relación entre ellas, se ha creado el término *unidad de bebida estándar*, que equivale a unos diez gramos de alcohol. De esta manera, podemos comparar la cantidad de alcohol de cada bebida y forma de presentación.

¿Qué relación existe entre la cantidad de alcohol y las alteraciones que provoca?

Al encontrarse muy estudiada la relación entre el nivel de alcohol en sangre y las alteraciones que origina cada nivel en el organismo, las cifras de alcoholemia y el cuadro clínico a que dan lugar pueden ordenarse de la siguiente forma:

Alcoholemias 0,10-0,50 g/l	Mantiene la sobriedad
Alcoholemias 0,30-1,20 g/l	Provoca sensación de euforia
Alcoholemias 0,90-2,25 g/l	Alcanza la fase de excitación
Alcoholemias 1,80-3,00 g/l	Desarrolla un cuadro de confusión
Alcoholemias 2,70-4,00 g/l	Se encuentra en estupor
Alcoholemias 3,50-5,00 g/l	Entra en coma
Alcoholemias superiores a 4,50 g/l	Origina el fallecimiento

Esta correlación solo es de aplicación en caso de intoxicación aguda, en personas no acostumbradas a beber alcohol y si no existen alteraciones orgánicas que modifiquen las respuestas al alcohol.

¿Cuáles son los síntomas clínicos que evidencian la embriaguez?

Aunque el alcohol es una sustancia depresora del sistema nervioso central, la embriaguez se desarrolla en una serie de fases conforme se va consumiendo más cantidad:

- Etapa 0. Nada más comenzar el consumo y a muy bajas dosis, el sujeto no presenta ningún síntoma de intoxicación, está sobrio.
- Etapa 1. Al poco tiempo de la absorción, van apareciendo síntomas de euforia y el sujeto se encuentra locuaz, de buen humor y desinhibido.
- Etapa 2. Al incrementarse el consumo, llega la fase de excitación, caracterizada por la desinhibición de los impulsos, la inestabilidad emocional, el deterioro progresivo de la memoria de fijación, el incremento de la agresividad y las alteraciones cognitivas. Tras ello, se desarrolla una incoordinación motora con retraso de las respuestas a estímulos visuales y acústicos, fruto de la afectación más profunda del sistema nervioso central.
- Etapa 3. Tras la fase anterior, si se mantiene el consumo, se entra en la fase de confusión, donde aparecen trastornos perceptivos e importantes alteraciones del lenguaje y de la orientación en el tiempo y el lugar, con síntomas de confusión e insensibilidad y signos de pérdida del equilibrio, con alteraciones de la marcha evidentes y caídas.

- Etapa 4. Si continúa el consumo, se desencadena una fase de estupor, donde es escasa la respuesta a estímulos externos, disminuyen los reflejos, se hace imposible la deambulación, aparece apatía y se pierde el control de los esfínteres.
- Etapa 5. La fase de estupor continúa con la fase de coma, donde el sujeto está inconsciente, con hipotermia y en cuadro de *shock*.
- Etapa 6. Finalmente, puede producirse una parálisis respiratoria central por depresión profunda del sistema nervioso central y el fallecimiento.

¿En qué se basan las pruebas de detección de alcohol por los pulmones?

El fundamento de las pruebas de alcohol en aire espirado es la existencia de una relación entre la concentración de alcohol en sangre y la del aire alveolar, la cual es de 2000:1 aproximadamente. Esto supone que la cantidad de alcohol que existe en dos mil mililitros de aire alveolar es la misma que la existente en un mililitro de sangre. De esta forma, conociendo la concentración de alcohol en el aire alveolar, puede deducirse la concentración de alcohol en sangre. El alcohol en aire espirado se expresa en miligramos de alcohol por litro de aire y el alcohol en sangre se expresa en gramos de alcohol por litro de sangre.

¿Cómo se hacen las pruebas de detección de etanol en aire espirado?

Se ha preferido hacer las determinaciones en el aire espirado por ser una muestra fácil y sencilla de obtener, mientras que la vía sanguínea se reserva fundamentalmente para casos de disconformidad con los resultados.

Se sopla en la boquilla del etilómetro de precisión un total de cuatro veces. Cada prueba consta de dos insuflaciones de aire y, para mayores garantías, se tiene en cuenta la que menos resultado arroje, que será el resultado final de esa prueba. La determinación del alcohol en el aire espirado se basa en que, tras quince minutos de haber ingerido una bebida alcohólica, la concentración en alcohol del aire espirado refleja la concentración alcohólica de la sangre que circula en los pulmones.

¿Hay obligación de someterse siempre a una prueba de alcoholemia?

Los sujetos que deben someterse obligatoriamente a las pruebas de detección de drogas y alcohol son los siguientes:

a) Cualquier conductor de un vehículo a motor o de bicicleta y cualquier otro usuario de la vía que esté implicado en un accidente.
b) Quienes conduzcan con síntomas evidentes de estar bajo la influencia de bebidas alcohólicas.
c) Los conductores denunciados por alguna infracción de tráfico.
d) Los conductores que sean requeridos para someterse a controles preventivos de alcoholemia.

¿Puede negarse un sujeto a someterse a las pruebas de alcoholemia en aire espirado?

Si un sujeto es requerido para la realización de las pruebas cuando se dan las circunstancias indicadas para ello y se niega, se castiga de forma similar a si hubiera arrojado un resultado positivo en la prueba.

¿Quién solicita las pruebas de detección de etanol en aire espirado?

Las pruebas de detección han de ser llevadas a cabo por los agentes de la autoridad encargados, que emplearán etilómetros autorizados y calibrados para obtener determinaciones cuantitativas. También pueden realizarse a petición del interesado o de la autoridad judicial. Las pruebas se podrán repetir a efectos de contraste por análisis de sangre, orina u otros análogos. Cuando las personas obligadas sufran lesiones o enfermedades cuya gravedad impida la práctica de las pruebas, el personal facultativo del centro médico al que sean evacuados decidirá las que se realicen.

¿Qué tiempo debe pasar entre las dos pruebas?

Si el resultado de la primera prueba es mayor que el límite permitido o el sujeto presenta síntomas evidentes de impregnación, se hará una segunda prueba similar tras un tiempo mínimo de diez minutos, aunque no consta un máximo, y no será válida si el periodo de tiempo entre ambas es inferior a diez minutos.

¿Se puede obligar a alguien a realizar una determinación de alcohol en sangre?

El análisis de sangre solo puede hacerse con el consentimiento de la persona o por orden judicial. Las únicas pruebas obligatorias son los análisis en aire espirado mediante etilómetro de precisión.

¿Pueden desvirtuarse los resultados de las pruebas de alcoholemia?

Los etilómetros de precisión están calibrados y actualizados, son muy fiables y existe poca discordancia entre sus resultados y las tasas de alcohol en sangre. En todo caso, la calibración del etilómetro se realiza de tal forma que sus resultados se encuentren en los límites más bajos de determinación, lo que favorece al sujeto que realiza la prueba.

¿Qué situaciones suelen ser alegadas por los conductores cuyo resultado de las pruebas es positivo en alcohol y niegan haberlo consumido o no haberlo consumido en tal cantidad?

Cuando los resultados de las pruebas de detección de alcohol en aire espirado son elevados, el sujeto tiene derecho a alegar y a contrastar resultados mediante el análisis de sangre, orina u otros análogos que el personal facultativo del centro médico al que sea trasladado estime más adecuado. En caso de dar positivo, se suelen alegar las siguientes circunstancias como justificación:

- Atribuir los resultados positivos a la permanencia de restos de alcohol en la boca o al hecho de haber realizado enjuagues con colutorios con alcohol. Esta circunstancia se obvia con el intervalo superior a diez minutos que debe transcurrir entre la primera y la segunda prueba.
- Achacar los resultados obtenidos a enfermedades o situaciones que pueden dar falsos positivos, como la cetoacidosis, que se da en el ayuno prolongado, la diabetes *mellitus* o la deprivación alcohólica, que elevan la concentración de acetona en el

aliento. Aunque los etilómetros antiguos sí interferían con la acetona, los actuales utilizan una tecnología que evita esta interferencia, garantizando la fiabilidad de los resultados.

- Imputar los niveles de alcoholemia a una exposición laboral crónica a solventes volátiles de pinturas y barniz o a vapores de alcohol. En estos casos, en algunas ocasiones se ha observado la presencia de concentraciones mínimas de etanol en sangre; no obstante, disminuyen rápidamente al cesar la exposición.

24

Psiquiatría forense

¿Qué es la psiquiatría forense?

La psiquiatría forense es una rama de la medicina legal consistente en aplicar los conocimientos de la psiquiatría en la esfera del derecho para resolver todas aquellas cuestiones que se planteen en el ámbito judicial, tanto en lo que concierne a la elaboración de las leyes como a su aplicación.

¿Qué es la imputabilidad?

Es la capacidad de culpa, es decir, la capacidad de que un sujeto responda penalmente de los actos ilícitos que comete. Desde el punto de vista psicobiológico, se considera que un sujeto es imputable cuando su inteligencia le permite distinguir entre el bien y el mal y cuando puede elegir libre y voluntariamente entre las distintas opciones de actuación que se le plantean. Por ello, desde un punto de vista jurídico, los trastornos que alteran la inteligencia o la voluntad de un sujeto pueden suponer modificaciones de su responsabilidad criminal; con base en ello, es posible que sea declarado semimputable o inimputable.

¿Qué cuestiones psíquicas recoge el Código Penal como causas eximentes de la responsabilidad criminal?

El artículo 20 del Código Penal recoge las causas que, de existir en el momento de cometerse el hecho delictivo, pueden eximir de responsabilidad criminal al sujeto que lo comete y convertirlo en inimputable. Varias de estas causas son psíquicas:[99]

- Presentar alguna anomalía o alteración psíquica que impida al sujeto comprender la ilicitud del hecho que ha cometido o que le impida actuar bajo esa comprensión.
- Estar en un estado de intoxicación plena por sustancias psicotrópicas[100] o en una situación de síndrome de abstinencia por su dependencia a sustancias tóxicas que le impida comprender la ilegalidad del hecho cometido o actuar bajo esa comprensión.
- Presentar alguna alteración de la percepción desde el nacimiento o desde la infancia que le provoque tener muy alterada la conciencia de realidad.
- Obrar impulsado por un miedo insuperable.

---

[99] Ley Orgánica 10/1995, de 23 de noviembre, del Código Penal. *Boletín Oficial del Estado*, 281, de 24 de noviembre de 1995, <https://www.boe.es/eli/es/lo/1995/11/23/10/con>.

[100] Sustancias que actúan en el sistema nervioso central produciendo alteraciones de las facultades reguladas por él, como la atención, el pensamiento o la memoria.

¿Y qué cuestiones psíquicas recoge el Código Penal como causas atenuantes de la responsabilidad criminal?

El artículo 21 del Código Penal recoge las causas que, de presentarse en un sujeto en el momento en que cometa un acto delictivo, pueden atenuar su responsabilidad criminal, convirtiéndolo en semimputable. Entre estas causas, se recogen algunas psíquicas:

- Las descritas en el artículo 20 cuando no se cumplan todos los requisitos exigidos para considerar la inimputabilidad.
- Actuar debido a la grave adicción a sustancias psicotrópicas.

¿Siempre que se den las circunstancias psíquicas de los artículos 20 y 21 del Código Penal un sujeto va a ser considerado inimputable o semimputable?

No. Aunque exista alguna de las circunstancias psíquicas descritas anteriormente, tendrá que demostrarse que se cumple una serie de requisitos:

- Criterio cualitativo: la perturbación psíquica que presenta el sujeto debe tener un curso clínico que altere su capacidad de conocimiento o su voluntad.
- Criterio cuantitativo: la perturbación debe ser de tal intensidad que provoque una alteración de las facultades psíquicas intelectivas o volitivas.
- Criterio cronológico: debe existir una coexistencia entre el momento en el que el sujeto presente la alteración y el acto delictivo cometido.
- Relación de causalidad: debe existir una concordancia entre la alteración psíquica presentada y el hecho delictivo llevado a cabo.

Estos aspectos serán evaluados por el médico forense cuando explore al sujeto durante la prueba pericial psiquiátrica.

¿En qué ámbitos del derecho puede intervenir el médico forense realizando una prueba pericial psiquiátrica?

Los principales ámbitos del derecho en los que se realizan pruebas periciales psiquiátricas son el derecho penal, el civil y el laboral.

¿Cuál es el objetivo de la prueba pericial psiquiátrica?

La prueba pericial psiquiátrica tiene como objetivo asesorar al juez a la hora de tomar decisiones respecto de la persona y de sus circunstancias psíquicas en aquellas situaciones en las que se requieran conocimientos científicos de anomalías, alteraciones o trastornos psíquicos, así como informarlo sobre la vinculación de estos trastornos con la cuestión legal planteada.

¿A qué cuestiones debe dar respuesta la prueba pericial psiquiátrica en el derecho penal?

Las razones principales por las que se solicita una prueba pericial psiquiátrica en el campo del derecho penal son las siguientes:

- Aspectos relacionados con la imputabilidad: hay que determinar si existe alguna circunstancia psíquica que afecte a la inteligencia o a la voluntad de un sujeto.

- Problemas en torno a la capacidad de prestar declaración, confesión o testimonio: puede que haya víctimas, testigos o autores de un delito que presenten alguna enfermedad psíquica que perturbe su capacidad de percepción o de comunicación.
- Cuestiones relacionadas con la valoración del daño corporal: como consecuencia de los hechos objeto de litigio, las víctimas pueden desarrollar enfermedades psiquiátricas o secuelas psíquicas.
- Elementos implicados en el cumplimiento de una pena: según recoge el artículo 60 del Código Penal, si un sujeto condenado a una pena privativa de libertad desarrolla un trastorno mental grave y duradero que le impida comprender el sentido de la pena, se podrá acordar la suspensión de la pena e imponer medidas de seguridad. Por otro lado, en el artículo 80 del Código Penal se establece que, si alguien ha delinquido por razón de su dependencia a sustancias y ha sido condenado a una pena no superior a cinco años, se podrá suspender el cumplimiento de la pena si se acredita por parte de centros homologados que el sujeto está deshabituado del consumo o está en tratamiento para tal fin.

En todos los supuestos anteriores, el médico forense realizará una prueba pericial psiquiátrica para dar respuesta a las cuestiones concretas que le plantee el juzgador y elaborará un informe donde quede recogida toda la información obtenida.

¿De qué partes consta una prueba pericial psiquiátrica?

Aunque la forma de realizar una prueba pericial no es única y rígida, la buena praxis aconseja seguir una serie de puntos o fases en la pericia: la entrevista psiquiá-trica, el examen documental, las exploraciones física y psíquica del sujeto, la realización de pruebas complementarias, el establecimiento de un diagnóstico, la valoración del estado psíquico del sujeto en relación con los hechos y la elaboración del informe pericial.

¿Cómo se lleva a cabo la entrevista psiquiátrica?

En esta entrevista, el perito obtendrá información del sujeto relativa a sus antecedentes personales y familiares. Se recogerán datos relativos a las enfermedades psíquicas padecidas por él o por sus familiares, a su escolaridad, al consumo de sustancias tóxicas, a sus relaciones familiares, sociales y sentimentales y a su vida laboral.

¿Qué información aporta la exploración física?

La presencia de alteraciones somáticas puede indicar el padecimiento de enfermedades orgánicas que afecten al ámbito neurológico y psíquico. Además, la valoración de aspectos como la frecuencia cardiaca, la tensión arterial o el tamaño de las pupilas será de interés en caso de sujetos consumidores de drogas que se sospeche que se encuentran en un estado de intoxicación o de síndrome de abstinencia.

¿En qué consiste la exploración psíquica?

Consiste en evaluar las distintas funciones psíquicas para determinar cómo se encuentra mentalmente el sujeto. Las principales funciones que se evalúan son las siguientes: conciencia, orientación, atención, memoria, inteligencia, pensamiento, percepción, lenguaje, juicio crítico de la realidad y afectividad.

¿Qué pruebas complementarias pueden realizarse?

Las pruebas complementarias pueden llevarse a cabo para hacer diagnósticos diferenciales o para confirmar una sospecha diagnóstica. Las principales son los test psicométricos, para evaluar la inteligencia o la personalidad, y los análisis de muestras biológicas, para determinar si hay tóxicos.

¿Cómo se llega al diagnóstico psiquiátrico?

Con los datos recogidos en la entrevista y obtenidos en la exploración y las pruebas complementarias, el perito médico debe establecer si se cumplen los criterios diagnósticos de alguna enfermedad psiquiátrica, determinar de cuál se trata y evaluar su intensidad.

¿Cómo se realiza la valoración medicopericial?

Consiste en relacionar el diagnóstico médico con la cuestión que fundamenta la realización de la prueba pericial para saber:

- Si la enfermedad psíquica supone una disminución o anulación de la inteligencia o voluntad del sujeto, lo que puede suponer una modificación de su responsabilidad penal.
- Si la enfermedad psíquica produce alteración en la capacidad de percepción y comunicación de un sujeto, por lo que tendrá limitada o anulada su capacidad para prestar declaración, confesión o testimonio.

- Si la enfermedad o las secuelas psíquicas son producidas por los hechos denunciados, lo que dará lugar a una responsabilidad penal y civil por parte del autor de los hechos.
- Si la enfermedad psíquica que ha desarrollado un sujeto después de haber sido condenado al cumplimiento de una pena privativa de libertad le impide comprender y entender el significado de esa pena.
- Si el sujeto que ha actuado por su dependencia a sustancias se encuentra deshabituado o sometido a tratamiento para ese fin.

¿Cómo se traslada esta información al juzgador y a las partes?

Toda la información obtenida en la prueba pericial se recogerá por escrito en un informe, que constará de las siguientes partes:

1) Encabezamiento, donde se recogen los datos del juzgado y los datos personales del perito y peritado.
2) Antecedentes personales del sujeto obtenidos de la entrevista.
3) Estado actual del sujeto según los datos de las exploraciones realizadas.
4) Juicio diagnóstico.
5) Consideraciones, en las que se relaciona el estado del sujeto y su diagnóstico con la cuestión solicitada.
6) Conclusiones, que resumen de forma más concreta el argumento desarrollado en las consideraciones.

¿La prueba pericial psiquiátrica es equiparable a la evaluación psiquiátrica que se realiza en el ámbito sanitario?

No, pues entre ellas existe una serie de diferencias importantes:

- La información revelada por el sujeto será reflejada en un informe, sin que el médico forense deba guardar secreto profesional y sin que exista confidencialidad. Por ello, es de suma importancia comunicarle este aspecto a la persona a la que se va a realizar la prueba pericial.
- Al ser ordenada por el juzgador, será obligatorio llevarla a cabo. En el caso de que el sujeto se niegue a su realización, el médico forense reflejará en el informe este extremo y hará mención de aquellos aspectos que puedan ser evaluados sin colaboración del sujeto, como su actitud y motricidad.

¿Qué ocurre si alguien que ha cometido un hecho delictivo es considerado inimputable?

En este caso, a la persona que sea declarada inimputable no se le aplica una pena de prisión, sino una medida de seguridad de las recogidas en el Código Penal, que puede ser privativa o no privativa de libertad. Dentro de las penas privativas de libertad, se encuentran el internamiento en un centro médico, en un centro de deshabituación y en un centro de educación especial; será el juzgador quien determine cuál el más adecuado en función del trastorno psíquico que padezca el sujeto declarado inimputable.

¿Cuál es la base de la aplicación de las medidas de seguridad?

El fundamento de la aplicación de las medidas de seguridad es la peligrosidad de un sujeto, la cual se ha puesto de manifiesto por su comisión de un hecho delictivo.

¿Qué tipos de internamientos psiquiátricos involuntarios hay en el ámbito judicial?

Los internamientos psiquiátricos involuntarios están regulados por el derecho penal y el derecho civil. Al ámbito del derecho penal, pertenecen los internamientos psiquiátricos que se imponen como medida de seguridad privativa de libertad en caso de modificaciones de la imputabilidad. Los internamientos psiquiátricos regulados por el derecho civil son aquellos que se producen cuando la enfermedad mental que padece un sujeto supone un riesgo para él o para terceros por descompensación clínica o una imposibilidad de tratamiento ambulatorio o de autocuidado.

¿Qué tipos de internamientos psiquiátricos involuntarios civiles hay?

Son de dos tipos:

Internamientos psiquiátricos sujetos a autorización judicial

Internamientos psiquiátricos sujetos a ratificación judicial, denominados *internamientos psiquiátricos urgentes*

¿Cómo son los internamientos psiquiátricos sujetos a autorización judicial?

En estos supuestos, se solicita el ingreso al juzgado y es el juez el que lo autoriza tras examinar a la persona, oír al Ministerio Fiscal y oír el dictamen de un facultativo, que será el médico forense.

¿Cómo se realizan los internamientos psiquiátricos urgentes?

Cuando la situación clínica del paciente exige que se ingrese al sujeto de forma urgente, es el médico psiquiatra el que formaliza el ingreso y el juez el que deberá ratificarlo. Este ingreso se comunicará desde el centro sanitario al juzgado competente en un plazo máximo de veinticuatro horas. Desde que el juzgado recibe la comunicación, tendrá un plazo de setenta y dos horas para comunicar al centro sanitario si el juzgador ratifica el ingreso psiquiátrico realizado por los facultativos. Para ello, el juez deberá examinar a la persona ingresada, oír al Ministerio Fiscal y oír el dictamen de un facultativo, que será el del médico forense.

¿Cómo interviene el médico forense en los casos de internamientos psiquiátricos involuntarios?

Según se recoge en el artículo 763 de la Ley de Enjuiciamiento Civil, cuando el juzgador autorice o ratifique un internamiento, deberá «oír el dictamen de un facultativo por él designado». El facultativo designado por el juzgador es el médico forense, quien deberá indicar si es adecuado el ingreso médico una vez que haya explorado al sujeto ingresado y haya examinado la documentación médica relativa al sujeto.

¿Cuál es el papel del médico forense en relación con la *Ley 8/2021, de 2 de junio, por la que se reforma la legislación civil y procesal para el apoyo*

a las personas con discapacidad en el ejercicio
de su capacidad jurídica?

La función del médico forense en estos casos es informar y asesorar al juzgado acerca del grado de autonomía personal de un sujeto y sugerir aquellas medidas de apoyo que precise, con base en sus limitaciones funcionales o anatómicas, para el adecuado ejercicio de su capacidad jurídica.

25 Derecho médico

¿Qué es el secreto profesional médico?

Es la obligación que tiene el profesional médico de no revelar ninguna información de cualquier naturaleza que haya conocido de sus pacientes en el ejercicio de su cargo. El secreto profesional médico es inherente a la labor médica.

¿En qué situaciones el médico puede verse obligado a romper el secreto profesional?

Las situaciones en que el médico se ve obligado a revelar informaciones que ha conocido en el ejercicio de su cargo son las siguientes:

- En el supuesto de que un paciente posea una enfermedad de declaración obligatoria. Se trata de determinadas enfermedades infecciosas que el médico debe comunicar a los servicios de salud pública en beneficio de la comunidad.

- Cuando sea conocedor de algún hecho delictivo. Si en el ejercicio de su profesión tiene conocimiento de la existencia de lesiones, intoxicaciones o abortos ilegales, deberá comunicarlo a la autoridad competente.
- Cuando sea citado a declarar en un procedimiento judicial al que deba acudir en calidad de perito o testigo.

En caso de que un paciente fallezca, ¿finaliza la obligación de su médico de guardar el secreto profesional en relación con la información que conozca de él?

No. Aunque el paciente fallezca, el médico sigue teniendo obligación de guardar el secreto de toda la información que haya conocido por la relación médico-paciente.

¿Qué requisitos deben cumplirse para que una persona ejerza como médico en España?

En primer lugar, la persona debe tener el título de licenciado o graduado en Medicina obtenido o convalidado en nuestro país. Y, en segundo lugar, una vez obtenido el título, tendrá que inscribirse en el colegio de médicos de la provincia donde vaya a ejercer su actividad habitual.

¿Qué es el delito de intrusismo?

El delito de intrusismo viene recogido en el artículo 403 del Código Penal, en el que se castiga a los sujetos que ejerzan los actos propios de una profesión sin tener el título oficial expedido o reconocido en España.

¿Qué es el consentimiento informado?

Es el beneplácito que un paciente concede de forma libre y voluntaria, después de haber sido informado correctamente de los riesgos y beneficios, para que se realicen los procedimientos diagnósticos y los tratamientos médicos o quirúrgicos que el médico considere necesarios. Este consentimiento viene regulado en la *Ley 41/2002 básica reguladora de la autonomía del paciente y de derechos y obligaciones en materia de información y documentación clínica.*

¿Es suficiente otorgar un consentimiento generalizado para todos los actos médicos que se le vayan a realizar a un paciente?

No. El paciente debe conceder el consentimiento para cada actuación médica concreta que vaya a realizarse y que pueda suponer un riesgo tras ser informado del tipo de procedimiento y de los riesgos y beneficios de su realización.

¿En qué modalidad debe formalizarse el consentimiento informado?

Generalmente, se trata de un consentimiento verbal, pero hay ciertas situaciones clínicas en las que el consentimiento deberá formalizarse por escrito, como en caso de intervenciones quirúrgicas y de procedimientos diagnósticos y terapéuticos invasivos.

¿Puede otorgar el paciente el consentimiento informado después de haberse realizado el acto médico?

No. El consentimiento debe otorgarse antes de realizar el procedimiento, pues se debe conocer *a priori* la información acerca de este y los riesgos y beneficios que supone para que el paciente decida libremente.

¿Es posible que el paciente revoque el consentimiento que ha dado?

Sí. El paciente puede anular el consentimiento que haya otorgado en el momento que lo considere oportuno.

¿Por qué es necesario que se otorgue el consentimiento informado para determinadas intervenciones médicas?

Porque la realización de algunas intervenciones médicas puede llevar asociada la vulneración de derechos fundamentales, como la libertad, en caso de ingreso hospitalario; la integridad física, en caso de intervenciones quirúrgicas y de algunos procedimientos diagnósticos invasivos, o la intimidad, por el conocimiento de información privada del paciente.

¿En qué situaciones excepcionales debe actuar el médico sin tener el consentimiento del paciente?

El médico debe actuar, aun sin tener el consentimiento del paciente, cuando se trate de:

- Una situación de riesgo para la salud colectiva, pues la salud pública prevalece sobre la salud particular de un sujeto. Por ejemplo, si una persona debe permanecer aislada por una enfermedad infectocontagiosa con el fin de proteger la salud de terceros.
- Un caso de urgencia vital en la que el paciente no presenta las facultades psíquicas para consentir,

como un estado de inconsciencia, y presenta lesiones graves que pueden conducir a su fallecimiento. El médico deberá intervenir tratando las lesiones que presente y buscando salvar la vida del sujeto.

¿Qué es la responsabilidad profesional del médico?

Es la obligación que tiene el médico de reparar aquellos daños que haya producido en el ejercicio de su profesión como consecuencia de errores voluntarios o involuntarios cometidos por acción u omisión.

¿Qué tipos de responsabilidad médica hay?

Existen dos: la responsabilidad moral y la responsabilidad legal. La responsabilidad moral es la obligación que tiene el médico de cumplir con las normas de su código deontológico en su quehacer profesional. La responsabilidad legal incluye la responsabilidad penal, civil y patrimonial.

¿En qué consiste la responsabilidad penal del médico?

Si el médico, en el ejercicio de su profesión, comete un acto antijurídico, ya sea de forma dolosa o culposa, tendrá responsabilidad penal.

Los actos cometidos de forma dolosa son intencionados: el médico es conocedor de que está actuando de forma irregular. Son los menos frecuentes. En este grupo, se encuentran, por ejemplo, la distribución y venta irregular de sustancias estupefacientes o la falsedad en documento público.

Los actos cometidos de forma culposa son imprudentes: el médico no tiene intención de producir el daño ocasionado o no prevé que se pueda producir y no adopta las medidas necesarias para que ese daño no se produzca, ya sea por inatención o por desconocimiento. Son los más frecuentes en la práctica médica y suponen la mayoría de las denuncias contra los profesionales. Si se demuestra que el médico no ha tenido una conducta acorde a la denominada *lex artis* y que se ha producido un daño como consecuencia de ello, podrá ser condenado penalmente por imprudencia, que incluso puede llevar asociada una pena de inhabilitación profesional y una indemnización a los perjudicados por el daño causado.

¿Qué es la responsabilidad civil del médico?

Es la obligación de responder económicamente por los daños producidos. Si se trata de un hecho punible penalmente, la responsabilidad penal lleva asociada la responsabilidad civil de los daños. Por otra parte, si se trata de una conducta no constitutiva de un hecho delictivo, la responsabilidad civil existirá cuando se produzca un daño como consecuencia de esa conducta negligente. En definitiva, la responsabilidad civil del médico deriva del incumplimiento de la relación contractual entre médico y paciente. Este tipo de contrato se considera de medios, y no de fines: el médico debe poner todas las medidas diagnósticas y terapéuticas a su alcance para garantizar el mejor estado de salud del paciente. Es decir, del médico se espera que ponga todos sus conocimientos al servicio de realizar un diagnóstico y aplicar el tratamiento más idóneo, sin exigírsele que como resultado de ello el paciente experimente mejoría o se cure, pues cómo evolucione el sujeto dependerá de factores ajenos a él.

26

Medicina legal del trabajo

¿Qué es la medicina legal del trabajo?

La medicina legal del trabajo o medicina legal laboral es aquella parte de la medicina legal que se ocupa de asesorar a los tribunales sobre cuantas cuestiones médicas surjan en los ámbitos del derecho social y administrativo en relación con controversias respecto a la salud de los trabajadores y su influencia en el trabajo.

¿Cuáles son las cuestiones más frecuentes sobre las que actúa la medicina legal del trabajo?

En la inmensa mayoría de las ocasiones, la intervención pericial médica en el ámbito laboral corresponde a peticiones derivadas de accidentes de trabajo, enfermedades profesionales, incapacidades laborales e impugnación de altas laborales. Sin embargo, cada vez se realizan más informes periciales referentes a reclamaciones contra mutuas de accidentes de trabajo y enfermedades profesionales, situaciones de *mobbing*,[101] minusvalía o dependencia, valoración de la aptitud psicofísica y discrepancias por despidos debidos a causas médicas.

¿Qué se entiende por enfermedad común?

Una enfermedad común es un proceso patológico que afecta a la salud de una persona, con independencia de que tenga trabajo y de la naturaleza de este.

¿Qué son las enfermedades laborales?

Son las alteraciones y lesiones que sufre el trabajador cuyo origen está en el trabajo desarrollado. Desde el punto de vista jurídico-laboral, se clasifican en tres tipos:

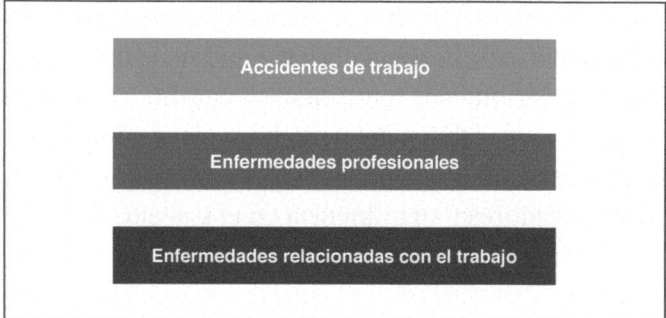

Accidentes de trabajo

Enfermedades profesionales

Enfermedades relacionadas con el trabajo

¿Qué es el accidente de trabajo?

Viene definido en el artículo 156 del Real Decreto Legislativo 8/2015 por el que se aprueba el texto refundido de

---

[101] El *mobbing* es el acoso laboral producido por ejercer violencia psíquica en el lugar de trabajo.

la Ley General de la Seguridad Social (LGSS). En este artículo, se establece que «se considera accidente de trabajo toda lesión corporal que el trabajador sufra con ocasión o por consecuencia del trabajo que ejecute por cuenta ajena». Incluye también los siguientes accidentes:

a) Los que sufra el trabajador al ir o al volver del lugar de trabajo.

b) Los que sufra el trabajador con ocasión o como consecuencia del desempeño de cargos electivos de carácter sindical, así como los ocurridos al ir o al volver del lugar en que se ejerciten las funciones propias de dichos cargos.

c) Los ocurridos con ocasión o por consecuencia de las tareas que, aun siendo distintas a las de su grupo profesional, ejecute el trabajador en cumplimiento de las órdenes del empresario o espontáneamente en interés del buen funcionamiento de la empresa.

d) Los acaecidos en actos de salvamento y en otros de naturaleza análoga, cuando unos y otros tengan conexión con el trabajo.

e) Las enfermedades no incluidas en el artículo siguiente, que contraiga el trabajador con motivo de la realización de su trabajo, siempre que se pruebe que la enfermedad tuvo por causa exclusiva la ejecución del mismo.

f) Las enfermedades o defectos, padecidos con anterioridad por el trabajador, que se agraven como consecuencia de la lesión constitutiva del accidente.

g) Las consecuencias del accidente que resulten modificadas en su naturaleza, duración, gravedad o terminación, por enfermedades intercurrentes, que constituyan complicaciones derivadas del proceso patológico determinado por el accidente mismo o tengan su origen en afecciones adquiridas en el nuevo medio en que se haya situado el paciente para su curación.

Se presumirá, salvo prueba en contrario, que son constitutivas de accidente de trabajo las lesiones que sufra el trabajador durante el tiempo y en el lugar del trabajo.

No obstante, lo establecido en los apartados anteriores no tendrá la consideración de accidente de trabajo cuando:

a) Sean debidos a fuerza mayor extraña al trabajo, entendiéndose por esta la que sea de tal naturaleza que no guarde relación alguna con el trabajo que se ejecutaba al ocurrir el accidente. En ningún caso se considerará fuerza mayor extraña al trabajo la insolación, el rayo y otros fenómenos análogos de la naturaleza.
b) Los que sean debidos a dolo o a imprudencia temeraria del trabajador accidentado.

¿Qué se entiende por enfermedad profesional?

Según define el texto refundido de la Ley General de la Seguridad Social (LGSS) en su artículo 157, «la enfermedad profesional es la contraída por el trabajador a consecuencia del trabajo ejecutado por cuenta ajena en las actividades que se especifican en el cuadro que se apruebe por las disposiciones de aplicación y desarrollo de la ley, y que esté provocada por la acción de los elementos o sustancias que en dicho cuadro se indiquen para cada enfermedad profesional». Es necesario, pues, demostrar la relación de causalidad entre el agente y la enfermedad.

¿Qué caracteriza la enfermedad profesional?

Las enfermedades profesionales son originadas exclusivamente por el trabajo e incluidas en el cuadro de enfermedades profesionales. Tienen un riesgo profesional específico, que es la profesión, la cual es necesaria para padecer determinada enfermedad. Así, existe una relación directa entre riesgo y enfermedad. En este tipo de alteraciones patológicas, la exposición al riesgo es primaria y es necesaria para desarrollarse.

¿Cuáles son las características de las enfermedades relacionadas con el trabajo?

La enfermedad relacionada con el trabajo se origina o agrava por causa de la actividad profesional, pero no está incluida en la lista de enfermedades profesionales. Además, es la causa que desencadena la alteración multifactorial y puede aparecer en ese trabajo o en otras situaciones. Por ello, se considera que la exposición al riesgo es secundaria y que la enfermedad no tiene por qué padecerse por realizar una determinada actividad laboral.

¿Cuáles son los estados que pueden derivarse de las enfermedades laborales?

Las lesiones o enfermedades sufridas como consecuencia del accidente de trabajo, las enfermedades profesionales o las enfermedades relacionadas con el trabajo pueden originar en el trabajador situaciones de incapacidad laboral, temporal o permanente, o secuelas, como mutilaciones o deformidades crónicas, que pueden dar lugar a una invalidez.

¿Qué situaciones dan lugar a una incapacidad temporal?

Se considerará que existe una incapacidad temporal, conocida como *baja laboral*, cuando el trabajador reciba asistencia sanitaria y esté impedido para el trabajo debido a las alteraciones provocadas por una enfermedad común o profesional o por un accidente, sea de trabajo o no. También se considera que existe incapacidad laboral en los periodos de observación por enfermedad profesional durante los que se prescriba la baja en el trabajo.

¿Cuál es la duración de la incapacidad temporal?

El periodo de duración máximo de la incapacidad temporal es de trescientos sesenta y cinco días, prorrogables por otros ciento ochenta días cuando se prevea que durante ellos puede recibirse el alta médica por curación.

¿Cuándo se extingue la incapacidad temporal?

La baja laboral finaliza cuando se da alguna de las siguientes circunstancias:

- Haber transcurrido el plazo máximo, es decir, los trescientos sesenta y cinco días más los ciento ochenta días de prórroga.
- Haber obtenido el alta médica, con o sin declaración de incapacidad permanente.
- En accidentes de trabajo o enfermedades profesionales con secuelas permanentes no invalidantes.
- Por jubilación de la persona.
- Por no justificar las inasistencias a los reconocimientos médicos.
- Por fallecimiento del sujeto.

¿Qué entendemos por incapacidad permanente?

La incapacidad permanente es la situación del trabajador que, después de haber estado sometido al tratamiento prescrito, presenta limitaciones anatómicas o funcionales graves, previsiblemente definitivas, que disminuyen o anulan su capacidad laboral.

¿Cuáles son los tipos de incapacidad permanente?

Se han establecido distintos grados de incapacidad laboral según el porcentaje de reducción de la capacidad de trabajo: incapacidad permanente parcial para la profesión habitual, incapacidad permanente total para la profesión habitual, incapacidad permanente absoluta para todo trabajo y gran invalidez.

¿Qué es la incapacidad permanente parcial para la profesión habitual?

Aquella imposibilidad laboral que, sin alcanzar el grado de total, ocasiona al trabajador una disminución no inferior al 33 % en su rendimiento normal para dicha profesión, sin impedirle la realización de las tareas fundamentales de esta.

¿Qué se entiende por incapacidad permanente total para la profesión habitual?

Es la inhabilitación del trabajador para la realización de todas las tareas de su profesión o de aquellas fundamentales, siempre que pueda dedicarse a otra profesión.

¿Qué se considera incapacidad permanente absoluta para todo trabajo?

Es la imposibilidad que presenta el sujeto para realizar cualquier actividad laboral. Es decir, el sujeto no puede ejercer ninguna profesión ni ningún oficio por su estado de salud.

¿Qué es la gran invalidez?

La gran invalidez engloba la situación del trabajador que presenta una incapacidad permanente y que, por consecuencia de pérdidas anatómicas o funcionales, necesita la asistencia de otra persona para los actos más esenciales de la vida, tales como alimentarse, vestirse o desplazarse.

Bibliografía

American Psyquiatric Association —APA— (2014). *Manual diagnóstico y estadístico de los trastornos mentales (DSM-5)*. Editorial Médica Panamericana.

Antón y Barberá, F. de y Luis y Turégano, J. V. de (2004). *Policía científica*, volumen I (4.ª ed.). Tirant lo Blanch.

Aso Escario, J. y Cobo Plana, J. A. (2001). *Valoración de las lesiones causadas a las personas en accidentes de circulación. Análisis médico-forense del Anexo a la Ley 30/95.* (2.ª ed.). Masson.

Beltrán Aleu, P., Bermejo Pérez, M., De Francisco Enciso, E., Garrido-Lestache y López-Belmonte, E., Giner Blasco, J. y Vicente Mendoza, M. (2003). *Actuación médico forense. Modelos, guías y protocolos de interés práctico.* Generalitat Valenciana, Conselleria de Justicia y Administraciones Públicas, Dirección General de Justicia.

Centro de Estudios Judiciales (1991). *Inspección ocular, identificación y levantamiento del cadáver.* Ministerio de Justicia.

Consejo Médico Forense (2020). *Protocolo de Valoración Forense Urgente del Riesgo de Violencia de Género*. Ministerio de Justicia.

Criado del Río, M. (1994). *Valoración medicolegal del daño a la persona por responsabilidad civil*. Fundación Mapfre Medicina.

Dirección General de Tráfico (noviembre de 2022). *Curva de alcoholemia y tasas de alcoholemia de bebidas más habituales* [fotografías], <https://www.dgt.es/muevete-con-seguridad/evita-conductas-de-riesgo/consumo-de-alcohol/>.

Francisco Enciso, E. de (1996). *Accidentes de tráfico en motocicleta: Repercusiones sociales, económicas y medicolegales* [Tesis doctoral]. Universidad de Valencia.

Ley 1/2000, de 7 de enero, de Enjuiciamiento Civil. *Boletín Oficial del Estado*, 7, de 8 de enero de 2000, <https://www.boe.es/eli/es/l/2000/01/07/1/con>.

Ley 41/2002, de 14 de noviembre, básica reguladora de la Autonomía del Paciente y de Derechos y Obligaciones en Materia de Información y Documentación Clínica. *Boletín Oficial del Estado*, 274, de 15 de noviembre de 2002, <https://www.boe.es/eli/es/l/2002/11/14/41/con>.

Ley 35/2015, de 22 de septiembre, de Reforma del Sistema para la Valoración de los Daños y Perjuicios Causados a las Personas en Accidentes de Circulación. *Boletín Oficial del Estado*, 228, de 23 de septiembre de 2015, <https://www.boe.es/eli/es/l/2015/09/22/35>.

Ley 8/2021, de 2 de junio, por la que se reforma la Legislación Civil y Procesal para el Apoyo a las Personas con Discapacidad en el Ejercicio de su Capacidad Jurídica. *Boletín Oficial del Estado*, 132, de 3 de junio de 2021, <https://www.boe.es/eli/es/l/2021/06/02/8/con>.

Ley Orgánica 10/1995, de 23 de noviembre, del Código Penal. *Boletín Oficial del Estado*, 281, de 24 de noviembre de 1995, <https://www.boe.es/eli/es/lo/1995/11/23/10/con>.

Ley Orgánica 15/2003, de 25 de noviembre, por la que se modifica la Ley Orgánica 10/1995, de 23 de noviembre, del Código Penal. *Boletín Oficial del Estado*, 283, de 26 de noviembre de 2003, <https://www.boe.es/eli/es/lo/2003/11/25/15>.

Ley Orgánica 1/2004, de 28 de diciembre, de Medidas de Protección Integral contra la Violencia de Género. *Boletín Oficial del Estado*, 313, de 29 de diciembre de 2004, <https://www.boe.es/eli/es/lo/2004/12/28/1/con>.

Ley Orgánica 1/2015, de 30 de marzo, por la que se modifica la Ley Orgánica 10/1995, de 23 de noviembre, del Código Penal. *Boletín Oficial del Estado*, 77, de 31 de marzo de 2015, <https://www.boe.es/eli/es/lo/2015/03/30/1>.

Ley Orgánica 4/2023, de 27 de abril, para la modificación de la Ley Orgánica 10/1995, de 23 de noviembre, del Código Penal, en los delitos contra la libertad sexual, la Ley de Enjuiciamiento Criminal y la Ley Orgánica 5/2000, de 12 de enero, reguladora de la Responsabilidad Penal de los Menores. *Boletín Oficial del Estado*, 101, de 28 de abril de 2023, <https://www. boe.es/eli/es/lo/2023/04/27/4/con>.

Real Decreto de 14 de septiembre de 1882 por el que se aprueba la Ley de Enjuiciamiento Criminal. *Gaceta de Madrid*, 260, de 17 de septiembre de 1882, <https:// www.boe.es/eli/es/rd/1882/09/14/(1)/con>.

Real Decreto 2230/1982, de 18 de junio, sobre Autopsias Clínicas. *Boletín Oficial del Estado*, 218, de 11 de septiembre de 1982, <https://www.boe.es/eli/es/ rd/1982/06/18/2230/con>.

Real Decreto 32/2009, de 16 de enero, por el que se aprueba el Protocolo nacional de actuación Médico-forense y de Policía Científica en sucesos con víctimas múltiples. *Boletín Oficial del Estado*, 32, de 6 de febrero de 2009, <https://www.boe.es/eli/es/rd/2009/01/16/32>.

Real Decreto 1723/2012, de 28 de diciembre, por el que se regulan las Actividades de Obtención, Utilización

Clínica y Coordinación Territorial de los Órganos Humanos Destinados al Trasplante y se Establecen Requisitos de Calidad y Seguridad. *Boletín Oficial del Estado*, 313, de 29 de diciembre de 2012, <https://www.boe.es/eli/es/rd/2012/12/28/1723>.

Real Decreto Legislativo 6/2015, de 30 de octubre, por el que se aprueba el texto refundido de la Ley sobre Tráfico, Circulación de Vehículos a Motor y Seguridad Vial. *Boletín Oficial del Estado*, 261, de 31 de diciembre de 2015, <https://www.boe.es/eli/es/rdlg/2015/10/30/6/con>.

Real Decreto Legislativo 8/2015, de 30 de octubre, por el que se aprueba el texto refundido de la Ley General de la Seguridad Social. *Boletín Oficial del Estado*, 261, de 31 de octubre de 2015, <https://www.boe.es/eli/es/rdlg/2015/10/30/8/con>.

Repetto Jiménez, M. (1995). *Toxicología avanzada*. Díaz de Santos.

Vallejo Ruiloba, J. (2011). *Introducción a la psicopatología y la psiquiatría* (7.ª ed.). Elsevier Masson.

Villanueva Cañadas, E. (2018). *Gisbert Calabuig. Medicina legal y toxicología* (7.ª ed.). Elsevier.